四特 教育系列丛书 SITEJIAOYUXILIECONGSHU

超级班级管理法

《"四特"教育系列丛书》编委会 编著

吉林出版集团股份有限公司
全国百佳图书出版单位

图书在版编目（CIP）数据

超级班级管理法／《"四特"教育系列丛书》编委会编著.
—长春：吉林出版集团股份有限公司，2012.4
（"四特"教育系列丛书／庄文中等主编．课堂教学与
管理艺术）
ISBN 978-7-5463-8715-4

Ⅰ.①超… Ⅱ.①四… Ⅲ.①中小学－班级－学校管
理 Ⅳ.① G632.421

中国版本图书馆 CIP 数据核字（2012）第 043986 号

超级班级管理法
CHAOJI BANJI GUANLI FA

出 版 人　吴　强
责任编辑　朱子玉　杨　帆
开　　本　690mm×960mm　1/16
字　　数　250 千字
印　　张　13
版　　次　2012 年 4 月第 1 版
印　　次　2023 年 2 月第 3 次印刷

出　　版　吉林出版集团股份有限公司
发　　行　吉林音像出版社有限责任公司
地　　址　长春市南关区福祉大路 5788 号
电　　话　0431-81629667
印　　刷　三河市燕春印务有限公司

ISBN 978-7-5463-8715-4　　　　定价：39.80 元

前　言

学校教育是个人一生中所受教育最重要的组成部分，个人在学校里接受计划性的指导，系统地学习文化知识、社会规范、道德准则和价值观念。从某种意义上讲，学校教育决定着个人社会化的水平和性质，是个体社会化的重要基地。知识经济时代要求社会尊师重教，学校教育越来越受重视，在社会中起到举足轻重的作用。

"四特教育系列丛书"以"特定对象、特别对待、特殊方法、特例分析"为宗旨，立足学校教育与管理，理论结合实践，集多位教育界专家、学者以及一线校长、教师的教育成果与经验于一体，围绕困扰学校、领导、教师、学生的教育难题，集思广益，多方借鉴，力求全面彻底解决。

本辑为"四特教育系列丛书"之《课堂教学与管理艺术》。

目前，在我国的学校教育中，课堂教学仍然是一种主要的教育教学活动，要想有效地提高课堂教学质量与效果效率，就必须充分尊重和应用教育科学理论，系统学习、研究、提高课堂教学艺术水平，这不仅是对课堂教学的客观要求，而且是教育教学研究的发展趋势之一。因此，有志于从事教育事业，去当一名教师的教育专业学生，都有必要去学习、研究课堂教学艺术，为今后做一名合格的教师做充分的准备。本书把教育教学理论和教育教学实践有机地结合起来，系统地研究课堂教学的规律和实践，研究教学过程中的各种实际问题。

本书还有另一个很明确的目的：确立班级管理的专业地位，提升师生教学质量。我们从学生、教师（班主任）的角度分别进行说明。班级管理是门艺术，大凡艺术殿堂的攀登，都需要自觉的奉献；班级管理又是门科学，涉及科学领域的探索，必依赖智慧的涌动。希望本书的出版，能为工作在第一线的广大中小学班主任提供一个支点，能唤起一部分对班主任工作感兴趣的专家学者的热情，共同来研究这个新课题，让班主任班组管理这项至关重要的工作更具科学性和艺术性。这也是本书编写的意义所在。

本辑共 20 分册，具体内容如下：

1.《怎样把课说好》

"说课"是深化教育改革，探讨教学方法，实践教学手段，提高教育教学业务水平的一种好方法，也是教师进一步学习教育理论，用科学的手段指导教学实践，提高教学科研水平，增强教学基本功的一项重要方法。本书主要从说课准备、精心设计与组织说课材料、幽默为教法服务、情感学法说课、辅助教学程序、互动教学目标、应对说课失误和总结说课经验等方面进行铺垫和阐述。我们站在说课者的角度，多层次地模拟了说课中遇到的各种问题，并提出了相应的改进措施，希望教师在说课中少走弯路，对于日后的说课教学能起到更大的帮助。

2.《怎样设计教学情境》

本书着重探讨了如何使新课程提倡的自主学习、探究学习、合作学习真正进入到课堂中。通过介绍西方课堂设计的理论和教学策略，总结国内课堂教学改革的成功经验，为教师进行有效的课堂设计提供切实的指导和帮助。

3.《怎样把课备好》

备课能力是一个教师最基本的业务能力。备课是教师教学活动的一个重要组成部分，也是上好一堂课的前提和重要保证。教师要上好课，必须先备好课，备课是一项深入细致的工作，是教师达成良好教学效果的关键。教师备课最需要用"心"、用"情"、用"力"和重"思"。

4.《怎样把课上好》

课堂动了，学生活了，互动、对话成为课堂教学的常态了，课堂上出现一系列变动不居的场景也就在情理之中了。教师根据课堂教学中生成的各种资源，形成后续的、新的教学行为。动态成为常态，生成成为过程，这些教学的新要求，是上课时教师需要加以灵活掌握的，也是本书所要介绍的。希望通过本书，教师不仅能获得教学的新理念，也能获得基本的教学策略。

5.《走出教学雷区》

由于学识、经验、能力、性格、思维等诸方面的限制，教师因为认识和行动上产生了偏差，所以在教学过程中走入误区在所难免。本书列举了日常教学工作中教师常出现的一些问题甚至错误，分析这些问题产生的根源及这些问题在教学中的呈现形式，提出解决的方案，引导教师避免或者走出误区，通过"行动—反思—再行动—再反思"，使教师做一个反思型教师，促进教师在专业化的道路上更快的成长和进步。

6.《让学生出类拔萃》

在学校里，尖子生往往是重点培养对象，集"万千宠爱于一身"。但是作为教师，不能被尖子生"一俊遮百丑"而忽视对他们的培训和教育。教师应该正确认识和了解尖子生，做好培优工作，积极引导，严格要求，满足他们强烈的求知欲，充分施展自身才能并用尖子生积极进取的态度、较好的学习方法影响和帮助其他同学共同发展，使全体学生成绩不断地推进。

对尖子生的培养是一项艰巨而漫长但又极具乐趣的工程，希望通过本书的学习，教师都能发现千里马，精心、尽力培养，让他们跑得更快、更远！

7.《一对一教学》

在中国，"一刀切"式的教学方法普遍存在于课堂中，然而，每个学生特点各异，只有在了解学生基础上的进行个性化教学才能使学生受益无穷。

不是崭新的课本、新潮的教学技巧，也不是最新的教学设备，只有优秀的教师才是学生成功的关键。教师有责任坚持不懈地寻找和发现优秀的孩子，也要认识到每一个孩子都与众不同。本书致力于教师了解学生并找到适合各个学生的教学方法，因材施教。

8.《让课堂动起来》

教师如何形成新的课堂教学艺术技巧、如何让课堂变得更加生动有趣，正是本书论述的要旨所在。

教师要上好一堂课，除了要有热情与高度的责任感，还要有渊博的知识和一定的讲课技巧，教师必须认真备课、多动脑、多想办法，有了一定的授课技巧，课堂就会时时呈现出精彩！

9.《不怒自威》

本书以清新的笔调、详实的案例向教师娓娓道来：要树立起自己的威信，教师除了要师德高尚、敬业爱生，专业精湛、诚实守信、仪表得当，还要宽严有度、教管有方、赏罚分明、公平公正。只有这样，学生对教师才能心悦诚服，也只有这样，教师才不会在"学生难管"的哀叹中失落教育的权威。

10.《好学生是怎样炼成的》

行为变为习惯，习惯养成性格，性格决定命运。一个动作，一种行为，只要多次重复，就能进入人的潜意识，变成习惯性动作。习惯对每个人梦想的实现，命运的选择起到了决定性作用。青少年正处于一个习惯的塑造和培养期，养成良好的习惯会让每个孩子都成为好学生，会使其受益终生。

11.《与差生说拜拜》

本书以新颖的创作手法和情真意切的教育语言从多个方面阐述了怎样对后进生进行转化，如何正确认识后进生，坚守对后进生的教育之爱，唤起后进生向上的信心，解开后进生的"心结"，有针对性地解决后进生的"问题"行为，加大对后进生的指导，提升后进生的自身能力，善用工作技巧来解决后进生问题，走出教育后进生的误区。本书有较强的可读性、针对性、实用性和操作性，对教师转化后进生的教育工作有实际性的参考和切实有效的帮助。

12.《从管到不管》

课堂管理艺术和技巧是以学生发展为本的，是教师教学智慧的新表征，是教学实践和经验概括和理性提升，本书所阐述的艺术和技巧是简约的，实用的，可操作的，可借鉴的。教师通过本书的阅读和借鉴，能够在新课程实践探索的道路上，不断更新课堂管理理念，优化课堂管理行为，形成新的教学本领和新的课堂管理艺术，让课堂教学焕发生命的活力。

13.《把握好教学心理》

为了帮助读者成为"有意识的教师"，作者提出了若干问题引导学生思考和学习，并列举大量课堂实例，作为实践范例。本书鼓励教师去思考学生是如何发展和学习的；鼓励教师在教学之前和教学过程中做出决策；鼓励教师思考如何证明学生正在进行学习、正在迈向成功。本书反映了当前有关的新理论与新进展，所介绍的各种研究结论在课堂实践中得到了验证与应用。本书所倡导的兼收并蓄的均衡教学为教学的专业化发展奠定了基础。

14.《完美的班规》

优秀的班集体需要制定切实可行、行之有效的好班规。本书采用了通俗的创作方法，把死板的道理鲜活化，把教条的写法改变为以案例为主，分析、评点为辅，把最先进的教育理念和方法融入有趣的情境中。经典的案例，情境式的叙述，流畅的语言，充满感情的评述，发人深省的剖析，娓娓道来、深入浅出，让教师更充分地领会先进、有效的教育方法。

15.《让问题学生不再成问题》

班级里总有那么些学生：有的顶撞老师，经常迟到；有的迷恋网络，偷拿钱物，早恋；有的对同学暴力相向，甚至离家出走。教师在他们身上花费很多精力，然而收效甚微。教育这些学生，需要耐心，更需要教育的智慧。

本书是一部针对这一现象为教师提供方法的教育研究专著，也是一部关于问题学生的教育学通俗读物。本书以教师最头痛的问题学生为突破口，努力在这个问题上把智慧型教育理论化、具体化、可操作化，且适当规范化，既是教育问题学生的一本"医书"，也是教师科学思维方式的培训教材。

16.《消除师生间的鸿沟》

本书在编写中，尽力以轻松的笔调来"海阔天空"地谈论教育中的师生关系这一敏感问题，以求能让读者在阅读中有快乐、有启发、有思辨。本书每一篇章采用夹叙夹议的编写风格，叙述的是事例，议论的是道理。为了能让读者更广泛、更深刻地明白教育道理，本书一般通过"生活事例—生活道理—教育道理—教育案例"这种内外结合、纵横交错的行文方式，实现"顺理成章"的阅读品质。

17.《用活动管理班级》

随着社会和教育的发展，教师对班级的认识也经历着一个相应的发展历程。班主任的角色定位与对班级性质的认识应该是相匹配的。班级活动作为班级功能主要的承载体，在功能、形式和内容上同样需要在新课程背景下重新定位。本书紧扣班主任专业化发展这一核心理念，从班主任实际工作需要出发，由案例导入理论问题，由理论联系实践，突出案例教学与活动的组织和设计。不仅贯彻教育部提出的针对性、实效性、创新性、操作性等原则，而且便于进行系统、有选择性的培训。

18.《学生奖惩艺术》

现在的学校普遍提倡激励教育，少用惩罚性处罚手段，认为处罚只能打击学生的自尊心，使学生丧失上进和改正缺点的动力。但是，激励不是万能的。教育不能没有处罚，没有处罚的教育是不完整的教育。本书针对教师如何奖励和处罚学生进行了系统而深入的分析和探讨，并提出了解决这一问题的新思路、可供实际操作的新方案，内容详实，个案丰富，对中小学教师颇有启发意义。本书体例科学，内容生动活泼，语言简洁明快，针对性强，具有很。强的系统性、实用性、实践性和指导性。

19.《永葆教育激情》

谁偷走了中小学教师的激情？生命中不能承受之重对教师起到了什么影响？教师职业倦怠的原因在哪里？克服倦怠的具体行动有哪些？如何正确认识和缓解工作压力？这些问题就是本书要为你回答的。本书对教师的职业倦怠进行了系统而深入的分析和探讨，并提出了解决这一问题的新思路、可供实际操作的新方案，内容详实，教案丰富，对中小学教师颇有启发意义。

20.《超级班级管理法》

本书是多位优秀班主任集思广益、辛勤笔耕的结晶。具有实用性，所选的问题都来自班主任的实际工作，容易引起班主任的同感。具有可操作性，提出的应对方法都简便易行。具有时代性，所选问题与当前课程改革，与学生实际相结合具有浓厚的时代气息。

由于时间、经验的关系，本书在编写等方面，必定存在不足和错误之处，衷心希望各界读者、一线教师及教育界人士批评指正。

作者

C 目 录
ONTENTS

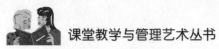

第一章

管理课堂从管好老师开始

身教重于言教

教师对学生不仅仅是传授知识，还应时时刻刻以自身的人格魅力、对工作的态度以及所作所为影响学生。对学生而言，教师的人格力量是无声的教育，对学生的影响比单纯的说教大得多。学生以自己的视角在观察着社会，观察着教师，不仅在听教师怎么说，更在看教师怎么做。因此，身为人师必须严于律己，用自己的良好行为留给学生一个美好的形象。

我国自古就有注重身教的传统，孔子说："其身正，不令而行；其身不正，虽令不从。""不能正其身，如正人何？"韩愈以为，如能"以身立教"，教育将显示其"以其身亡而教存"的巨大影响力。近代教育家陶行知先生在《我们的信条》中明确规定："我们深信教师应当以身作则。"他要求教师"与学生共教、共学、共做、共生活。"从古至今，重视身教都显示着理性和顽强的生命力。

从心理角度分析，身教不同于单纯的言教，它具有形象直观性、动情性和个性影响的系统性。由于形象直观，身教为学生的思维发展拓展了从感性到理性，从理性再到实践的认识道路，身教就容易被学生接受。

从人的意向活动来分析，身教更具有言教所无法比拟的强烈的动情性，动情就是触动情感。动情绝不仅仅是言教所能实现的，而且必须由教师的全部人格来实现。身教不能只有客观的必然性，教师必须努力创造条件，身教才能如愿以偿。

教师的身教不同于家长的身教，教师的身教代表着人类文明传递中的社会价值，教师的身教首先是靠集体的智慧和品质、集体的意志和情感来实现的。如果教师集体是勾心斗角、倾轧嫉妒、诋毁贬斥的，那么，其身教结果是不会好的；如果教师集体是取长补短、团结友善、互相支持的，那么其所进行的便是强有力的集体身教，必然能熏陶出良好的学生集体。凡要求学生做到的事，为师者必须先做到，要使教师集体成为一个积极向上、团结奋斗的强有力的集体，使学校的教育教学质量得到很大的提高。

身教还要重视师生之间建立正常的人际关系，教师板着面孔，学生敬而远之，施教不会收到效果。苏霍姆林斯基认为：教师的大喊大叫，并不能收到预想的结果，反而会引起学生的消极反抗。因此，如果忽视了师生之间的人际关系，即使是严格律己、德才兼备的教师，其身教价值也会大打折扣。为了更好地教育学生，光有知识是不够的，应当学会正确运用所掌握的知识；光有愿望是不够的，应当行动。要付诸百分之百的努力，处处为人师表，把自己的形象塑造得更加完美，使自己的行为成为学生的表率。

一天下午，我正讲着课，突然"哇"的一声，小明同学吐了一地，时值盛夏，一股难闻的气味立刻充满整个教室，小明同学脸色苍白，汗珠从额上渗出来，痛苦地趴在桌子上。见他这样，我的心紧紧地揪在一起。同学们的表现呢？有的捏鼻子，有的扇着书驱赶气味，有的竟然起哄："熏死了，熏死了！"面对这一场面，我一下子就发火了："同学生病了，这么多同学就没有一个主动站出来帮忙，还幸灾乐祸，你们还有点儿人情味吗？"我真想狠狠地教训他们一顿，但经验告诉我不能这样做。有的学生怕脏，不愿帮忙；有的学生怕讽刺，主动出来帮忙怕其他同学说他"装好人"。对于这样的班集体，责备和训斥是不能从根本上解决问题的，即使我的责罚暂时生效，也不会维持几天，反倒会拉大师生之间的距离，给以后的工作造成障碍。

我疾步来到小明面前，掏出自己的手帕，一边为他擦汗，一边询问病情，然后，我拿起扫帚和簸箕，从外面取来沙子，清扫呕吐物。"身教重于言教"，教室里很快静了下来，大家的目光都集中在我身上，有的惊讶，有的满脸羞涩……班长和另外两个班干部连忙接过我手中的工具接着打扫。我让学生上自习，马上带小明同学去了医院。

从此，班级里同学之间互相关心、互相爱护蔚然成风。

教师的一言一行对学生的影响是很大的，要求学生做到的教师自己先要做到，教师的行为在潜移默化中影响着学生，教师应以身作则，为人师表。

一位教育家说："教师的一举一动都在最严格的监督之下，世界上任何人都没有受过这样严格的监督。"学生对教师持有的敏感和信赖，使他们在看待教师时往往带有"放大镜"，教师每一个高尚行为都会令他们尊敬。

教师的行为是社会文明的体现，案例中的教师做得很好，在关键时刻，能够控制自己的情绪，保持清醒的头脑，把问题处理好。他深知责备和训斥是不能从根本上解决问题的，也不能收到预想的结果，如果引起学生的逆反心理，对建立正常的师生关系有很大影响。案例中的教师以身作则，收到了满意的效果，何乐而不为。

杜甫有诗云："好雨知时节，当春乃发生。随风潜入夜，润物细无声。"而笔者认为：教师也要当"好雨"，充分把握机会，在向学生传授知识的同时，教师也要时刻规范自己的行为，使学生在潜移默化中受到启发和教育，从而起到"润物细无声"的作用。

俗话说得好："身教重于言教"。教师教育的对象是少年儿童，他们单纯、向上、具有强烈的好奇心和强大的模仿力，可塑性强，他们每天与教师接触时间长，必然把教师作为观察模仿的主要对象。教师的仪表、言谈举止，学识水平、自身修养等都会对学生直接产生影响。有这么一件小事，一天上课前，有两位同学迟到，为了抢先，后面的湘奇推倒了前面的梓超一越而过，对于被撞倒在地的梓超不予理睬，对此，同学们的表情各异，就是没人主动帮忙。这时，我急忙上前扶起梓超，问他是否有摔伤的地方，结果，同学们都面有愧色，湘奇也主动地认了错。学生犯错是难免的，要给他们机会，只给他们讲大道理，他们会想：老师，你怎么不做？榜样的力量是无穷的，教师要让学生有样可学，有镜子可照，这就是身教的重要性。

教师要为人师表，就要时时、事事做学生的表率，在教育工作中要适时当"好雨"，做到"润物细无声"。学生只有看到优秀的品行在教师身上体现出来，才会信服，才能激发他们内心对"真""善""美"的追求，潜移默化地受到教育。

要得到学生的尊敬和爱戴，教师必须养成良好的行为习惯，做到严以律己、举止文明。"学高为师，身正为范"十分重要，内涵极其丰富。

每一位教师都应该注意自己的行为，因为教师身上肩负着一种使命——"光环效应。"前文中教师做到了，她用实际行动使学生感到极大的惊讶与愧疚，从中受到教育，这就是身教的魅力所在。也正如文中所说：在教育中要适时当"好雨"。教师要成为一位有爱心的"好雨"，一位教师有博大的胸襟，火热的爱心是必要的，这是热爱教育事业，热爱孩子的前提。

"润物细无声"是一种境界，一种超越，一种升华，更渗透着无私的奉献。世界上完美的事物实在太少，但教师应该向完美靠拢，因为"教师的一切的一切都应该是美丽的"。心灵美、语言美、教态美、仪表美，各方面都应加强，提高审美情趣，完善自我，美化自我，给学生留下美好的印象。

在任何时代，"行为美"都不会过时，而应极力推崇，我们每一个人都不能忽视"行为美"在生活中所起到的作用。

你烦学生，学生也会烦你

虽然教师与学生在人格上是平等的，但教师是教育者，与学生又是教育与被教育的关系。这就决定了教师独特的职业规范：不能歧视任何学生，这是二者人格平等所决定的；必须履行自己的教育管理职责，这是二者教育与被教育的关系所决定的。

我班有一个数学学科后进生，我刚开始教她时，发现这个小女孩特别有灵气，在各方面的反应都挺快，可就是在数学课上，总是给你一种冷漠的眼袖（这种眼袖，有时很让我很厌烦），可以说是"冷眼看数学课"，第一次考试数学考了 54 分，而其他科都考得不错。看到她的成绩，我一点也不意外，但是她其他科目成绩都不错，我当时想：我就不信你别的学科能学好，唯独数学学科学不好；我也不信你一直会用这种冷漠的眼神对待我以及数学。从此我下决心要改变她，并且定了一个小小的实施方案。

首先联系家长，了解她的过去。

我跟她的家长及时取得了联系，她的家长把她孩子的成长历程一五一十地告诉了我，从中我能体会出家长对孩子的殷切期望，也能感觉到家长对孩子现状的无奈。我从家长的叙述中得知这个学生是一个自尊心很强的学生，在初二时，数学老师因为某种原因，曾当着全班同学的面训诉了她。从此她厌烦数学老师也厌烦数学，后来干脆就不学数学了。孩子上了初三以后，家长曾给她看过心理医生，感觉比以前还好了一些，最起码上数学课不再趴在书桌上了。

知道了她的过去，我请求她的家长配合我的工作，并主动接近这个学生。

我记得这个学生从来没有主动与我说过话。为了接近她，我大约用了两周时间去观察她的一言一行，并且总是热情友好地同她打招呼，课间装作无意识地走到她那和她聊上几句。记得有一天，我在教室门口碰见她，她竟然主动说："褚老师好"，当时我都没反应过来，因为我根本没想到她竟然会主动同我打招呼了，这让我感觉，是找她谈一谈了。

我让班长转告她，吃完晚饭我在办公室等她。我怀着忐忑不安的心情等着她（因为怕她不来），还好她来了，我总算松了一口气。

我按事先准备的内容跟她聊了起来，聊着聊着我感觉有效果，就说："你看你各科都挺好，就是数学成绩不理想，我觉得我很失职，你这么聪明，数学成绩却落后，真是很惭愧。"，说完后，我注意到她的表情很吃惊，小声嘟囔了一句："我也能学好的。"我及时抓住这句话，说："既然能学好，那么咱俩共同努力，把数学成绩提升一下，如何？"她又小声地说："试试吧。"我接着说："你看，前一段时间我对你关心不够，以致你的基础都没有打好，如果你需要，我可以抽时间给你辅导一下，也为了弥补老师的失职，如果可以，你随时可以来找我，我等着你的答复。"

谈话结束后的第三天下午，她第一次主动找我问问题，我告诉她，每天晚饭后我都会在办公室，她随时可以过来问问题，其实我是想利用这段时间给她补习一下功课，从此，公共时间经常有她问我问题的情形出现。补习功课使她的数学基础日渐增强，我没有对她提过高的要求，而是从简单的、易懂的问题入手，经常鼓励她，一旦有进步，就当众表扬，使其树立起自信心，不再害怕数学课，再逐步提高学习要求。功夫不负有心人，第二次考试，她的成绩到了80多分，经过将近一个学期的努力，她的数学成绩有了很大的进步。值得庆幸的是，通过我和家长的共同努力，这个学生确实变了，由一个藏起数学书不愿做作业的学生，变成一个成天跟着老师问问题的学生了。

通过这件小事，我认识到，教师有了关心学生的情感，就不会忽视他们的存在，更不会冷落他们，而是会想方设法调动他们的积极性。学生感受到老师对他的关心和期望，是会自觉配合老师，接受老师的帮助的。

有人说：教师可以改变一个学生，改变学生的人生。这句话是千真万确的，因此教师要摒弃不良的思维和心态，用教育者的眼光看待学生。当觉察到自己对某些学生已经产生厌恶感的时候，千万要提醒自己，不要忘记自己教育者的身份和职责，切忌对学生冷眼恶言。

最后记住："力"的作用是相互的，你烦学生，学生也会烦你。

要尊严不要威严，要敬重不要敬畏

教师对学生真挚的爱，是感染学生的情感魅力，有些教师总喜欢在学生面前表现出"高深莫测""凛然不可侵犯"的"派头"，以示自己的"尊严"。其实，这不是尊严，而是威严。真正的尊严是敬重而非敬畏，师生在人格上应是平等的，教师不应自视"高人一等"。因此，教师对学生的爱，不应是居高临下的"平易近人"，而是发自肺腑的对朋友的爱。这种爱的表达既是无微不至的，又是不由自主的，上课时，面对学生的问候，教师不应是礼节性地点点头，而是充满感激之情地深深鞠躬；气温骤降，教师感到寒冷时，也应自然急切地提醒学生"多穿一件衣服"；学生生日到了，教师热情地送上一张贺卡；节假日，教师邀约学生（或被学生邀约）去远足郊游、去登山探险；在课余，与学生一起评论甚至争论一下他们感兴趣的事物。当教师把爱心自然而然地献给学生时，这时教师获得的尊严，就不仅仅是教师的尊严，更有朋友的尊严、兄长的尊严。

要真正维护"师道尊严"，要真正让学生敬重你，要真正管理好课堂，教师要做的第一件事就是，学会爱学生。

爱学生，就必须走进学生的情感世界，要走进学生的情感世界，就必须把自己当作学生的朋友，去感受他们的喜怒哀乐。"每个孩子都能引起我的兴趣，总想知道，他的主要精力倾注在什么上面，他最关心和最感兴趣的是什么，他有哪些快乐和痛苦等。我的小朋友圈子一天天扩大，并且像我以后才意识到的那样，连我不曾教过课的那些孩子也成了我的朋友和受我教育的了。"当我第一次读到苏霍姆林斯基这段真诚的话时，我竟感动得眼睛都湿润了：一个享誉全球的大教育家竟然有这样一颗爱孩子的童心！还是这位我敬重的教育家，曾在一个春天，和他的学生共同买了一条小木船，划到一座荒无人烟的小岛上去探险。教育家写道："可能有人会想，作者想借这些事例来炫耀自己特别关心孩子。不对，买船是出于我想给孩子们带来快乐，而孩子们的快乐，对于我就是最大的幸福。"

从某种意义上讲，教师真正的尊严，并不是教师个人的主观感受，而是学生对教师的道德肯定、知识折服和情感依恋。当教师故作尊严，甚至以牺牲学生的尊严来换取自己的尊严时，学生只会向教师投来冷漠的眼光；当努力追求高尚的品德、出色的教育、细微的感情，并随时注意维护、尊重学生的尊严时，学生会把全部的爱心和敬意奉献给教师。这样，教师便把自己尊严的丰碑建在了学生的心中。由此，我们可以得到一个朴素的真理——教育者的尊严是学生给的。

第二章

沟通是课堂管理的生命线

用心记住每一个学生的名字

也许教师会有许多的理由叫不出学生的名字，比如带的班级多、课时少，甚至认为教的不是主要科目，叫不叫上名字无所谓。在基础教育课程改革的背景下，我们总是努力去追寻教学的最高境界，却忽视了最基本的问题——了解学生。了解学生是教学活动的第一步，了解学生应当从记住学生的名字开始，名字是记忆的核心部件，构成我们情感的来源，教师能否准确地叫出每一个学生的名字，所产生的教学效果也是不同的。

教师上课的时候，如果能熟记并且随时叫出学生的名字，同时投以鼓励、赞许的目光，学生往往先是惊喜，随即兴奋、自信，觉得老师了解自己、重视自己、关心自己，师生间的距离一下子就缩短了，学生在感到获得尊重的同时，对教师也产生了信任感、亲切感，"亲其师，信其道"，在这样的情况下进行教育教学，自然能起到良好的效果。相反，如果教师很少叫学生的名字，学生很容易产生失落感，最终很可能导致他们逐渐失去学习的兴趣和积极性，进而产生诸多问题行为，这样不但"寒"了学生的心，而且"冻"了我们的课堂。

"轻蔑产生更大的轻蔑，信任产生加倍的信任"，教师注重对学生名字的呼唤，并把名字视作沟通师生情感的桥梁，这能在一定程度上提升教学的效果。

接手新班，怎样在开学第一天给素不相识的孩子们留下一个美好的印象呢？拿着陌生的班级名册，看着一长串不熟悉的名字，我细细地读着，慢慢地思索着。要不，给每个孩子送一句寄予希望的诗，再把他（她）的名字放进诗里去，那不是很别致的吗？说行动就行动：毛晓凤——春风拂晓醉春烟，凤凰展翅傲枝头；张晓婷——晓荷绽颜无限娇，亭亭玉立性高洁；沈诗媛——唐诗宋词皆上品，琴棋书画小媛通；钱正芳——一身正气浩然，芳名传人间；梅杰——梅花香自苦寒来，若想杰出勤为先；王炜霞、姜伊凡……整整两个晚上，才把53个孩子的名字各编成了一句诗，打印、裁剪，一条一条整理好，放进了信封，终于大功告成了，我长舒了一口气。第一天，我来到班级，看见孩子们已端端正正地坐好，见进来的是陌生的我，孩子们一个个露出惊讶的表情。"孩子们，我将成为你们的班主任兼语文老师。"我笑着说。"朱老师呢？"他们纷纷问起了原班主任。"朱老师教一年级了。""啊？"孩子们露出失望的表情。"你们知道惦记自己的老师，我为朱老师高兴，相信你们也会喜欢我的。""我姓许，谁知道许老师的名字？"孩子们都摇着头说不知道。"丹心赤诚育英才""红艳凝香月绽颜"，我在黑板上写下了这两行字。"孩子们猜猜，许老师的名字就在这两行字里。"孩子们的情绪一下子被调动了起来，只见他们一个个举着手，争先恐后地抢着说。那个"丹"字一下子被猜出来了。"丹艳""丹凝""丹香"……我连着摇头。"丹红！"一男生响亮地说。"恭喜你，完全正确。"此刻，最初的陌生感一扫而光。"孩子们，在下面的这行字中，还有一个字是许老师网名里的关键字，再猜一猜？"我又开始吊孩子们胃口了。"香。""不对，香字是好，可俗了一点。""艳。""嘿嘿，也不对！"一个可爱的女孩高高地举了手："月。""哈哈，真聪明！""你怎么猜出来的呢？"她笑着说："我蒙的。"才刚说完，孩子们全都笑了起来。笑声更拉近了我们的距离。我拿起粉笔，在黑板上工工整整地写下了"一轮月儿"这四个字，"以后你们在网上看见这四个字，就是看见了许老师，欢迎你们去我的博客，随时与我交流。"我写下博客地址，孩子们都拿起笔来记录。我笑着说"今天，许老师与你们第一次见面。初次见面哪能两手空空呢？我给大家都准备了一份小礼物，希望你们能够喜欢。""啊？礼物？"孩子们瞪大了眼睛，你看看我，我看看你，嘴微微抿着，十分兴奋。"我把你们的名字，都编成了一句诗，希望你们好好保管，好好品读，那是老师对你们的希望和祝福。"我把昨天剪好的嵌名诗，一条一条地发给孩子们。这下，他们可开心了，拿着小纸条读着，前后左右轻声地互相交流着，欢笑着，温馨和快乐缓缓地拉开了我与孩子们共同生活的序幕。

"只有用心记住每一个学生的名字，才能架起师生愉快沟通的桥梁"。这一点在许老师精彩的教学片断中得以充分显露。

仔细观察许老师处理这堂课的艺术，不难发现她课前准备得很充分。整整两个晚上，把53个孩子的名字各编成了一句诗，打印，裁剪，整理好，真正做到用心去记下每一个学生的名字，架起师生间愉快沟通的桥梁。介绍自己名字时，巧设游戏情境，让学生通过猜测得知自己的名字，将学生的情绪调动起来，创设和谐融洽的班级氛围，调动学生的思维，用这样一个新鲜、特别的"猜字"游戏加深学生对教师的印象。

总之，在这个课例中，许老师凭借高超的教学艺术和充分的课前准备，把学生的姓名牢记在心，把注重对名字的呼唤视作沟通师生情感的桥梁，这是决定她成功教学的关键所在。

要了解你的学生

美国心理学家罗杰斯说，教学的成功不是决定于教学技巧，不是建立在科学内容、课程计划上的，也不在于视听教具或生动有趣的读物上，真正有意义的学习是建立在正确的人际关系、态度和素养上的。严厉而冷漠的教师，虽然也可以保证课程讲授得正确无误，但是他可能使学生陷于反感的情绪中，从而一无所得，因为教师缺乏热情，就无法引起学生的积极反应。

了解学生是教育教学的前提，学生个体的特点是丰富多彩的，所以教师不仅要了解学生个体的学习动机，还要了解学生的学习能力、思想表现、品行修养等，以利于对学生的因材施教，这也将促使教师不断改变教学方式。教师通过精心设计各项教学活动，以有效的价值引导及适宜地运用各种教学评价方式等，帮助学生学习与成长，从而创造平等、民主的课堂教学氛围，帮助学生学习与成长。了解学生的真实情况是教学的前提，能否真正地了解学生，在很大程度上决定教学活动的进程与速度。教师需要了解学生已经知道了什么、学生想了解什么、学生对什么感兴趣、学生对什么感到困难，只有这样，教师才能准确地指导学生学习。

了解学生是热爱学生的起点，是进行教育的前提。

　　那是发生在我班的一件事，我任五年一班数学课老师，从开学初我就力求宽严相济，努力使学生体会到老师的良苦用心，体会到老师的爱，我对学生作业要求很严格，要求每一个学生书写要工整、仔细，经过两个星期的反复强调和强化训练，全班26名学生中25名同学的作业基本达到要求，只有刘小强这个性格内向的同学字写得歪七扭八，我不知找了他多少次，也曾经看着他一笔一画地书写到很晚，可就是收效甚微。有一天，我又留他写作业到很晚，想再一次教育他书写要工整、仔细，写着写着，我忽然看见刘小强的眼睛湿润了，两行眼泪从眼角流了出来，滴落到作业本上，我吃了一惊：难道他委屈了？后悔了？还是……"刘小强，你怎么啦？"我轻轻地问。"宋老师，我手腕疼……"他眼泪汪汪地看着我。"写字写累了？"我怀疑地问。"这个暑假我手腕骨折了，写字使不上劲。"他伸出手腕给我看。我看到了孩子手腕上两道深深的伤印……我搂着他把他送回了宿舍。回到了办公室，我心情很沉重，我可以体会到孩子用骨折后刚刚愈合的手腕写字时的情景（我以前也曾扭伤过手腕，好长时间写字不成样子），我陷入深深的自责。

这件事的发生使我不断地扪心自问，提醒自己："你了解你的学生吗？你真的了解你的学生吗？"

一位专家指出："学生心理问题，往往是'感冒'在学校，'病毒'在师长。"师生之间朝夕相处，做老师的要有一双洞察学生心灵的眼睛，注意和关心每个学生的行为，了解和掌握学生的个体差异，因材施教，正如伟大的教育家孔子所言："视其所以，观其所由，察其所安。"几千年前的古人尚且如此，我们更不能等闲视之。

案例中的老师获得了"意外的收获"：他明白了学生心灵世界中特有的需求，作为孩子，他们渴望老师真心地接受他们，尊重他们的独立人格和自主意识，需要老师用欣赏的态度赞赏和肯定他们，用积极的心态和意向鼓励和期待他们。在课堂里，那一双双争先恐后的小手，都是想要争取一个表现自己和体验成功的机会，他们就像孕育在土壤中的等待发芽的种子，一旦感受到春天的温暖就会萌动，生长。老师的尊重、赞赏和期待使他们的心灵处在积极的状态，他们的潜能和个性就会自由而充分地表现出来。老师的漠视、冷酷和贬责只会使那颗种子在冰冷僵硬的土壤里长久地埋藏，得不到发育的机会。因此，教育工作者必须时刻注意自己的一言一行对学生产生的巨大影响。

真心地走近、了解、关爱每一位学生，让他们从心底里感受到春天，让那动人的生命力量在春天里"破土而出"。

顺畅沟通是高效课堂管理的基石

教师的教与学生的学是在师生之间的沟通中进行的。教师的一举一动，一颦一笑，装扮气质，说话表情……都是在对学生传递一种信息，都是在与学生沟通。学生的思考，读书，讨论，答问，合作探索，操作实践……是对教师的同应，是生生之间的沟通。正是在这种意见的交换、思想的碰撞、多向的交流中，师生实现了知识的共建和心灵的交流。可以这样认为：教学的本质就是一系列的沟通。

一项研究表明，在教育工作中有70%的错误是由于教师不善于沟通造成的。有效的沟通，是教学成功的基石。

　　师（出示课文最后一段话，学生先默读，在文中标出自己想问的问题）：读到这里，你有什么问题想问斯杰潘老人？

　　生：你离天鹅这么近，为什么没有开枪，却把枪挂在肩头走了？

　　生：你为什么悄悄地离开了？

　　生：斯杰潘老人为什么把枪一直挂在墙上，再也没有动过？

　　生：老人说到这里为什么停住了？

　　师：你往下再读一句话，这个问题可以提得更深刻些。

　　生：老人为什么深情地说？

　　师：这个问题就有价值了！

　　生：课文中老人赞叹天鹅是勇敢的鸟儿，为什么却说是"多么可爱的鸟儿"?

师：同学们提出的问题都很有价值。哪个问题最重要，是核心问题？

生：斯杰潘老人为什么把枪挂在肩头走了，而且后来一直挂在墙上？

师：好！我们就来思考这个问题。请同学们再仔细读一读课文、深入地想一想。然后写下来，看谁思考得深刻。

（学生用心思考、书写答案。然后进行交流。）

生：老人从天鹅破冰中看到了它们的勇敢，这种团结合作的精神，使他心里很受感动。心想：我们人类也不一定会有这样的精神。所以，他放弃了打猎。

师：勇敢、团结的精神感动了他。概括得好！

生：斯杰潘老人看到小动物生存这么不容易，人类还要伤害它们，觉得太残忍了。要知道，动物是人类的朋友啊！我们应该保护它们才对啊！

师：保护野生动物！你将来做环保局局长挺称职！（生笑）

生：他体会到生命是很重要的。不仅天鹅珍惜生命，许许多多的动物，包括人，都那样珍惜生命。它们为了生存，可以做任何危险的事情。

师：所有的动物都会本能地珍爱着自己的生命。你写得太深刻了，像个哲学家！

生：老人看到了天鹅破冰的动人一幕，有感而发：天鹅为了求生，奋力破冰。不仅仅是天鹅，所有的动物都是一样的，遇到困境都会不顾自己的安危去寻找求生之路。

师：动物为了求生，在关键时刻会爆发出令我们人类惊叹的壮举。写得多好！

生：老人知道了动物也是有爱心的，也会团结互助。如果我们不再伤害动物，不再乱砍树木，不再破坏大自然，那该多么好啊！所以，他把猎枪挂在墙上，每次看到时就给自己一个警告。

师：三个"不再"排列得多整齐！给人以警醒！

师：老师读完课文，是怎么思考的呢？这里有四个答案，你们猜猜看，哪一个是老师写的？

（1）斯杰潘老人认为天鹅是一群可爱的鸟儿，不能打，人类应该自觉保护野生动物，保护环境。

（2）老天鹅不惜用自己的身体为天鹅群打开生存之门的壮举，深深地感动了斯杰潘老人，使他不忍心伤害它们。

（3）斯杰潘老人看到了天鹅在生死关头表现出的英勇和团结，具有人类一样的精神和品格，受到很大的震撼。

（4）斯杰潘老人从天鹅在危难时表现出来的壮举中，感受到了天鹅闪现出生命的光辉、闪现出生命的美，为自己曾经伤害过它们而感到惭愧、自责，从此放弃了打猎。

教师该如何与学生进行沟通，这是新课程实施过程中的重要问题，案例中的教学片段为我们做了一个很好的示范，是否能从学生的立场看问题并理解其看法、在对话中达成共识和行动方案是教师学会并运用好沟通的关键所在。在新课程中，师生之间要通过心灵的对接、意见的交换、思想的碰撞、合作的探讨，实现知识的共同拥有和个性的全面发展。在新课堂中，教师不再是唯一的主角，学生不再是被动的接受者，学生有其自主性和独立性，教师应以一个参与者、促进者的身份参与学生的学习活动，引导学生去质疑、调查、探究。

课程实施中的自由是指学生自主而非强制地学习的一种状态，它可以分为内在自由与人身自由。人身自由，指在课程中教师允许学生随意走动，相互交谈，学生可以选择想做的事，能够按照他们的意愿参与课程实践；内在自由，指学生智力上、情感上和心灵上的自由。创设安全自由的心理环境就必须既有人身自由，又有内在自由。内在自由是精神的自由，精神的自由就是心理的自由，即思维与想象的自由。教学中只给学生时间和空间的自由仅仅是形式的自由，这是绝对不够的，还必须能保证学生可以舒展灵性，畅所欲言，"我口说我心，我口表我意"。

要保证学生直抒胸臆，敢说真话，就必须发扬民主。教师要在课堂上着力营造民主、平等、和谐的教学氛围，用自己的爱心和热情去感染学生、激励学生，使学生在课堂上能无拘无束地表达自己的思想、表露自己的情绪、表现自己的才干。因此，教师必须放低姿态，做出表率，敢于承认自己的不足。

学校教育的目的就在于促进学生的学习和发展，尊重学生的主体性是学校教育的出发点和归宿点。教师必须以"平等中的首席"的姿态，从注重教到注重学，改变学生被动学习的局面，唤醒学生的自我意识，培育学生的自我精神，挖掘学生的自我潜能，提高学生的自我建构能力。

要对话不要对抗

许多孩子尤其是处在青春期的孩子喜欢和大人"对着干"，许多教师，尤其是处在更年期的教师也喜欢和孩子"较劲"，双方各站一方，把自己的意见强加给对方，只想改变别人，不想改变自己。

青春期的孩子正处在成人感迅速增强，但心理却不成熟的时期，他希望得到大人的尊重，又对大人缺少基本的信任，因此逆反心理很强，心灵的大门只朝着同龄人开放，这时候他特别需要关怀，需要理解。

因此，教师不要以教师的权威与他们对抗，而要尽量与孩子对话，了解他们，引导他们。

师生对话的方式有很多，个别谈话是重要而有效的方式之一。

一次上课，我发现坐在最后一排的一名男生正在吃方便面，我正视时，他就闭嘴不动；我视线转移，他就大嚼起来。"上课不要吃东西，把精力用到学习上。"我提醒说，很多同学都顺着我的目光看这位男生，而他却左顾右盼，并说："谁在吃东西？""就是你！"我说。他却毫无认错之意地说："老师，不是我，我没吃，上课怎么能吃东西呢？"到了这种地步，我深知很难收拾，于是给自己一个台阶："只有吃的人最清楚。"我继续讲课……

课下，我找到这名男生，先从这天他吃什么饭说起，他当时就不好意思地承认他上课吃了方便面，他说他有吃零食的习惯，学不进去，就想吃点东西。我没有教训他，而是帮助他分析吃零食的坏处，上课吃东西的不良影响等，又从中学生要特别注意自身形象谈起，什么场合要注意什么……讲了很多，从他的表情上可以看出，这次谈话式的教育已深入到他的内心了，在以后的课堂上，他一直表现很好。

从此以后，对有小毛病的学生，我都是个别谈话。上课时，发现谁有了小毛病，我就走到谁的面前，两眼注视他，继续正常上课，实际上就是给他一种提醒，直到他把注意力转移到课堂上来，课后再个别谈话，平等地交流和分析其上课不良行为的原因和坏处，并提出改进的方法。可以说，每一次这样做的效果都令我很满意。一个班有"毛病"的学生也就那么几个，有了几次这样的教育后，基本就能很好地控制上课的局面了，师生之间的感情也融洽多了。

教育是一门艺术，课堂管理也是一门艺术，它需要教师运用"机智"来引导学生，启发学生，使其真正认识缺点，改正缺点。个别谈话就是教育学生常用的方式，而心与心的交流最能打动学生。

个别谈话对环境的选择很重要。对于那些顽皮的学生，教师应在安静的地方与其聊天，效果会好得多，因而谈话环境的选择，要根据谈话的内容和谈话对象的个性差异灵活掌握。

谈话要有理有据。要做到语言准确、鲜明，合乎逻辑；要运用恰当的方法，观点鲜明，论证有力，所涉事实要有理有据，准确无误，切忌武断，同时也要符合学生的心理特点，这样才容易让学生接受。

谈话还要注意有趣有序。为营造宽松愉快的气氛，教师说话要尽量幽默诙谐，生动有趣，要避免枯燥、平淡的说教，要化平淡为诙谐，增强语言的幽默感。德国某著名演说家说过："用幽默的方式说出严肃的真理，比直截了当地提出更容易让人接受。"幽默是哲理和情感的统一，是才学、知识、灵感、智慧的结晶，是语言的调味品和润滑剂。在愉悦融洽的气氛中，教师与学生的谈话由浅入深，循序渐进，可以取得很好的效果。

同时，还要注意有节有度。要把握谈话尺度，讲究分寸感，不能夸大事实，把犯了错误的学生说得一无是处，弄得对方垂头丧气，毫无信心，而对于要表扬的学生则说得完美无缺，使对方沾沾自喜，以至于得意忘形。同时，也不能避重就轻，语言散乱，掩盖矛盾。

谈话必须是充满爱心的。不管是从哪一个点上切入，语言都应该始终体现出教师对学生的一片爱心。爱学生，是个别谈话成功的重要保证。譬如：有一个同学两天没到校上课了，班主任找其谈话，在不了解情况的前提下，劈头就说："你缺了两天的课，无故旷课是要处分的。"同学马上对答道："我生病了。"教师说："生病必须要有医院证明，你明天必须将病假单交上来，不然就是旷课。"这种居高临下的谈话，也许能一时压服学生，但不能从思想上解决问题。如果将上面的问话换一种方式："××同学，这两天你没来上课，大家都很想念你，现在你来了就好，我想没有特殊原因你是不会无故缺课的。"学生回答："老师对不起，我生病了。"老师关切地说："是否需要再休息几天。"短短的几句话，学生心里却热乎乎的。由此可见，不同的谈话内容和方式，产生的效果会截然不同，显然，后者是建立在相互信任的基础上的，处处充满着教师对学生的关心和爱护，因此也是成功的。

情态技巧也是帮助谈话取得成功的重要条件。谈话时，教师的表情要友善亲切，目光温和，看着学生的眼睛要充满爱心，不可面若冰霜，也不可嬉皮笑脸、东张西望。教师亲切、真诚的表情，不仅有利于消除学生的紧张心理和对立情绪，而且会使学生感到教师对他的关怀和爱护，从而促进师生间的情感交流，保证谈话的顺利进行并收到预期的效果。因此，在与学生个别谈话时，教师要根据不同情况，恰当地表达自己的喜、怒、哀、乐。

谈话时还可根据内容辅以必要的手势，以便于沟通情感，但手势不宜过于频繁，幅度不宜过大，不宜手舞足蹈，也不可有跷二郎腿、交叉双手等傲慢的姿势。师生要尽量坐得近一点，这样不仅可以使学生体会到老师对他的信任和尊重，而且有利于教师及时了解学生细微的反应，准确地捕捉到学生流露出的思想，从而有的放矢地调整自己谈话的角度、内容和方式等，有效地提高谈话的效率和质量。找学生谈话是一个双向交流的过程，不可给学生居高临下、盛气凌人的感觉，要将学生放在与自己平等的位置，以消除学生的顾虑和紧张。

谈话时，教师要随着情绪和气氛的变化，采用适当的语调，或轻或重，或缓或急，以更好地传递思想感情，增强表达效果。不要随意打断学生的话，要静静地听，正面引导，鼓励帮助；不要高声训斥，挖苦讽刺，给学生脸色看。

授权——最省心省力的管理方法

美国通用电气公司总裁杰克·韦尔奇有一个著名的管理理论就是，"管得少"才能"管得好"。要管得少，又要"管得住"，就必须进行合理的委任与授权。这个理论也同样可以应用到课堂管理中。

在班集体中，老师应该放一点权力给学生。

如果我们经常怕这怕那，不敢放手让学生去策划、组织活动，凡事都亲力亲为，就好像扶着小孩走路一样，因为怕他摔跤所以一直不放手，小孩就很难自己学会走路，学会奔跑。

我们知道：当一个母亲放手让孩子跑步的时候，她确信孩子已经能跑了；当孩子被母亲放手后，他知道母亲放手的原因——他已经得到了信任。

而教育中的授权激励就是老师对学生的一种信任。被授权的学生会认识到老师对自己的信赖，从而大大激发他们的创造性、主动性。

随着素质教育的不断深入，授权是培养学生主体精神的途径。恰当地对学生进行授权往往能激励学生在学业和品德进步方面的上进心，从而有力地促进学生的全面发展。

所以，老师在日常的教育教学中，应该多提供一些机会、多创造一些条件给学生，不要怕他们会失败。只有让他们从小成为学习、生活的小主人，长大后才能成为社会的主人。

15年前，特迪·斯托拉特是凯文小姐教的五年级班上的一名学

生，凯文小姐那时刚刚开始自己的教学生涯。

特迪整天都是脏兮兮的，身上有一股奇怪的味道。他的头发长得盖住了耳朵和眼睛，他得撩起盖在眼睛上的头发才能写东西（当时还没有流行留长发）。他的问题很多，智商也不高。一星期的课上下来，凯文小姐就知道他无法跟上别的同学。他不是落在后面，而是根本跟不上来。他很快就成了一个被遗弃的人——既不可爱，也无人关爱。

日子就这么一天天过去。

快到圣诞节的时候，凯文小姐知道特迪算是没有希望进入六年级了，他将成为一个留级生。

圣诞夜来到了。教课桌上放了棵小小的圣诞树，上面挂着一串串的纸和爆米花。树下堆着大堆礼物，就等着激动人心的时刻来临。

老师在圣诞夜总能得到一些礼物，而这年凯文小姐得到的礼物比以往多，没有一个学生不送她礼物的。

每当凯文小姐打开一包礼物，就会感到一阵惊喜，送礼物的人于是会得到一连串的感谢声。

凯文小姐是最后拿到特迪的礼物的。那是一个用棕色纸包装的包，特迪在上面用彩色笔画了几棵圣诞树，在树上用红色画了许多铃铛。

他还用胶带把包裹起来，上面写着：献给凯文小姐——特迪。

当凯文小姐把最后的胶带撕下来时，从包里掉下一件东西，那是一个华而不实的用莱茵石做的手镯，上面还雕了几棵莱茵石。

教室里传来窃窃的笑声和低低的耳语声。

但是凯文小姐却说："很漂亮，是不是？"说着，就把手镯戴到手腕上，"特迪，过来帮我把它扣牢，好吗？"

特迪在帮凯文小姐钩上钩子的时候，害羞地笑了。

接着，圣诞钟声响了。

孩子们离开教室的时候互相道别："明年见"，或者是"圣诞节愉快"，只有特迪还留在他的课桌旁。

等所有的人离开之后，特迪抱着他得到的礼物和书本向凯文小姐走来。

他轻轻地对凯文小姐说："你喜欢这个手镯，真让我高兴。那是我自己制作的。"

说完，他就很快走了。

一刹那，像有一道电光闪过，凯文小姐的心颤抖了……不仅是为了可怜的小特迪，更多的是为过去自己对特迪的疏忽而愧疚。

从圣诞节结束那天开始，凯文小姐就向全班宣布：任命特迪为劳技课的课代表，直到学期结束。

这使特迪的专长和能力得以充分发挥，在他的组织和带领下，班上的劳技课开展得有声有色：孩子们帮受伤的小鸟做笼子，帮园子里的花朵造房子……就连那些原本有点儿懒惰的学生也养成了爱动手的好习惯。

慢慢地，特迪一步一步地跟了上来。最后，他的成绩上去了，他没有留级。甚至，他最后的平均成绩名列前茅。

虽然凯文小姐知道学期结束之后，特迪所处的环境状态会有所变化，但她并不因此替特迪担心。

凯文小姐深信特迪胜任劳技课代表的结果已经使他进入了一种良好的状态，他享受着成功的喜悦，今后不管到什么地方，他都会保持这种良好的状态。

就像我们在教师培训班上学到的那样：一次成功，就会有多次成功。

凯文小姐后来同特迪失去了联系，直到7年之后，她收到了特迪寄来的一封信。

亲爱的凯文小姐：我只想让你第一个知道，从今天起，我成了一名专业的工艺品设计师。我该说些什么呢？正是你给的那个劳技课代表的机会使我鼓起勇气，开始新的一切……

我将在7月结婚，确切地说是7月22日。我想请你参加我的婚礼，如果你能来的话，就坐在我那已故母亲可能会坐的位子上。父亲去年去世，我已经没有家了。

凯文小姐不知道该给一个毕业于艺术学院、学有所成的设计师寄上一张什么样的明信片。她满怀欣喜，同信祝贺特迪的成功和婚礼。

亲爱的特迪：祝贺你取得的成功。这一天终于到来了。上帝保佑你，我将前去参加婚礼。

引起学生真正自主地学习，使其自愿地不断长进才是最终目的。

老师的责任除了教给学生知识，还要教他们怎样去做人，培养学生独立、自主的能力，为今后走入社会打好基础。

请让我们记住：

适当地授权可以锻炼、提高学生的自我学习能力，提高学生自理、自主和自治的能力，同时也提高班级建设的水平，使学生积极展现自身价值、锻炼个人综合能力、培养自信心和激发上进心。

大部分家长和学生对学校授权激励的举措也很支持，认为这是真正的"以学生发展为本"。

因此，我们应当给学生们以帮助，尝试实行学生干部轮换制度，让每个学生都有当干部的机会。

比如：让学生自己尝试主持班会，组织野炊活动；让学生轮流当班长，使每个人都来尝试管理班级，为同学服务；让学生参与各项社会公益活动，在尝试活动中学会服务，学会理财，学会管理，并在活动中潜移默化地形成良好的道德品质。

当然，老师授权给学生并不等于老师对班级撒手不管，而是要采用"有扶有放""扶中放""放中扶"的原则，以增强他们的信心。

人们往往容易将学生当作"亏空模型"的典范，意即不需考虑学生的情感和具体情况，任由教师强行灌输知识和施行教育。

学校官僚主义似的机械管理很容易让人产生这样的感觉：学生缺乏天赋，而且没有独立思考问题的能力。

在一些学校，由于缺乏面向全体学生的教育思想，学生干部只是少数人担任，有些几乎是"终身制"，大部分学生失去了这个宝贵的机会。

以前能当班干部的仅仅是学生中的少数，一些学生接受了9年义务教育，却从来没有当过班干部。

这对他们来说显然是不公平的，因为真正的原因并不是这些学生能力不够，而是没有这样的机会。

中国城市学生人格调查发现，50.7％的学生认为自己不是"重要的人"，而认为自己在班里"非常重要"的人只有6.7％。

这，确实是一个极大的遗憾！

事实上，学生的表现欲望都很强，不少同学认为当干部自己会有压力，什么事都要带头去做，学习成绩也得比其他同学优秀。

所以，让学生"当官"不仅满足了他们的自尊心和自我表现的心理需要，在一定程度上也调动了全体同学的聪明才智，使班级的各项学习得以在高效率中展开。

美国心理学家安吉尔曾经说过："教育最主要的目的，不是教你挣得面包，而是使每一口面包都香甜。"

授权还可以鼓励学生敢作敢为、自主抉择，"先天下之忧而忧，后天下之乐而乐"，一切以整体素质的提高为己任；激励学生既不因自己学习优秀而不可一世，也不因成绩不好而垂头丧气，而要有奋起直追，不达目标不罢休的气概。

也许一开始授权给学生时，学生会不知如何利用其好处，感到无事可做或茫然不知所措，会问教师："您到底要我干什么呢？"

这就需要发挥教师的聪明才智和应变能力引导学生："你自己到底能干什么？"

渐渐地，学生就会把发挥自己的聪明才干认为是每个人分内的事，从中学会做自己的主人！

授权，是培养自尊自强、自信自立、自主自律、协作奉献和开拓创造于一身的人的最佳途径。

授权，是激励学生发挥其品质综合效能、教育熏陶和社会作用共同的结晶。

授权，将促使学生在理想光环的召唤下，更努力地学习，更突出他们的特长。

学会授权吧，授权会让你"管得少"又"管得好"。

给学生自由的空间

现代教育的核心是给学生自由发展的空间，解放学生的个性，在自由与解放中培养学生的探索精神。在课堂上，要尽量让学生多参与，多给他们创造时机，创造自由学习的空间，想象与活动的空间，去发挥他们的特长，表现他们的个性。根据教学内容、教学时间，拓宽教学空间，在教学中，应该引导孩子用自己的眼睛去观察大自然中的一切事物，而不是把我们成年人眼中观察到的东西，强加到他们身上。少给孩子条条框框的束缚，少一点示范性的东西，多给孩子一点自由的想象空间，教给学生观察分析事物的方法，逐步提高他们的观察能力。

把学习方式和学习内容也还给学生，尽可能地给他们提供更多的学习机会，最大限度地激发他们的学习兴趣，激发他们的创造力。相信只要你给学生一个自由开放的空间，他们定会给你一个出人意料的惊喜。

撕纸是孩子的天性，也是他们最喜欢的游戏，听着撕纸的声音，看着撕得宽宽窄窄、不成样子的纸条、纸片，他们觉得是一种莫名的享受。因此，在讲撕纸游戏一课时，我力求找同他们幼时的乐趣，给学生一个自由空间，让他们插上想象的翅膀，在老师的引导下，展翅翱翔，享受撕纸带来的乐趣。

上课铃响后，我穿着纸做的衣服走进课堂，同学们都惊喜地叫起来："好漂亮呀。"这时，我抓住时机问他们："老师今天有什么特别之处呀？""您穿的衣服是纸做的。"同学们都抢着回答。接着，我把纸衣服给一名同学穿上，"你们看他头上还缺一顶帽子，老师再给他撕一顶帽子，你们说好吗？"大家都很赞同。"但是，老师不知道做一个什么样子的，谁来设计一顶？"一个同学说："老师，您撕一个小白兔样子的，长长的耳朵多好看。"

于是，我照着那同学说的撕出一个小白兔帽子，给穿着纸衣服的学生戴在头上。这时，我便问："老师撕的时候，谁看清了我是怎么撕的？"同学们便你一言我一语地议论着。"老师，您的两只手挨得很近，撕的宽窄都差不多。""对了，同学们观察得很仔细，撕纸是我们最爱玩的游戏，你们用手里的纸像老师这样撕一撕，看看有什么感觉。"大家都尝试起来。接着，我提出要求："今天，我们不能像以前那样撕着玩了，老师想让每位同学当小设计师，分组比赛，每组选一名'模特'，其他同学给他做衣服，但是，你们不能用剪刀，看哪一组设计得既新颖又大方。"命令一下，同学们都行动起来，各种报纸、彩纸、挂历纸都派上了用场。大家分头讨论，各自出谋划策，课堂非常活跃，每个人边做边想，紧张而不忙乱。从头饰到衣服，每组都有自己的特点，有的头饰做成小动物形状、有的撕成假发、还有的撕成高高的厨师帽……衣服就更是丰富多样，民族式的、戏服式的、裙式的……有的还配上了小书包、小手套，颜色鲜艳美丽极了，最后，"模特"们还进行了表演，纷纷展示了身上的作品。

通过小组合作，给同学们创造了一个平等竞争的氛围，给学生以时间和空间，让其在开放的课堂中实践、创新，获得成就的机会和体验，享受创造的乐趣。

下课了，同学们穿着自己做的特殊服装在校园里游戏，其他的同学都投来新奇而羡慕的目光，每个人的脸上都露出了自豪的喜悦……

本课从形式和内容上都体现了实践活动课的特征，全课以"撕纸"为主线串连起来，知识、技能、过程、方法、情感态度与价值观等三维目标都达到了比较理想的程度，全课营造的学习氛围比较轻松活泼。在课堂上，这位教师让学生自主参与学习活动，给他们创造时机，营造自由学习的空间，给学生更多的自由活动和想象空间，去发挥自己的特长，表现自己的个性，这位教师抓住学生喜爱撕纸的天性。先穿上自己撕的衣服进入课堂，激起学生的好奇心，让学生产生要自己撕纸来帮自己做衣服的欲望。教师在学生的撕纸过程中作适当的示范和指导，让学生撕出各种各样类型的帽子、衣服等。最后让学生作为"模特"进行表演，展示自己的作品，通过小组合作，给同学们创造了一个平等竞争的氛围，让学生在开放的课堂中实践创新，获得了成就的机会和体验，享受了创造的乐趣，这样的课堂值得学习。

把握好"放开"与"收拢"的度

新课程倡导"课堂应给予学生选择与自由的空间"，这对传统课堂是一个不小的冲击。传统的课堂要求教师严格管理学生，教师是课堂的主人，教师控制着课堂，学生只能言听计从。在这种环境下，学生的思维、个性、身心发展都受到限制，学生成了知识的容器，被动地接受教师的知识传授。新课程使教师有了改变以往传统的课堂教学与管理行为的意识，但总是落实不到位。要么我行我素，要么在做表面文章。原因何在？其一，虽然，传统的课堂教学与管理的惯性仍主导着教师，但究其深层原因还是我们的学校、教育体制乃至社会环境所致；其二，评价的单一化，评价体系不够标准、规范，使得教师不得不以"分"为本，单纯设法提高教学成绩；其三，学生观、教育观、质量观陈旧落后；其四，教师自身素质所限，特别是一些教师的人文素养程度低，不能适应新课程。

改造我们的课堂、建设健康的课堂要落实在课堂教学中，在"放得开，收得拢"中把握好"放"与"收"的度。

《韩非子》里有这样一则故事：鲁国有个人叫阳虎，他经常说："君主如果圣明，当臣子的就会尽心效忠，不敢有二心；君主若是昏庸，臣子就敷衍应酬，甚至心怀鬼胎。表面虚与委蛇，然而暗中欺君而牟私利。"这番话触怒了鲁王，阳虎因此被驱逐出境。他跑到齐国，齐王对他不感兴趣，他又逃到赵国，赵王十分赏识他的才能，拜他为相。近臣向赵王劝谏说："听说阳虎私心颇重，怎能让这种人料理朝政？"赵王答道："阳虎或许会寻机牟私，但我会小心监视，防止他这样做，只要我拥有不至被臣子篡权的力量，他岂能得偿所愿？"赵王在一定程度上控制着阳虎，使他不敢有所逾越；阳虎则在相位上施展自己的抱负和才能，终使赵国威震四方，称霸于诸侯。

故事中的赵王就是一个"收""放"自如的高手。

在课堂管理中，所谓"放"，就应该给学生创造能够展示自我、启迪思维的环境和氛围，允许学生自由想象，哪怕是异想天开的、幼稚的，甚至是错误的想法都应该包容。不要轻易地否定学生的答案，不要强迫学生接受自己或书本上的答案，不要"一棍子打死"。应该尊重学生的思维成果，改变过去在统一、规范的要求掩盖下，忽略学生个体的存在及限制学生在课堂上发言、质疑、提问权利的现象，调动学生主动、愉快学习的积极性。

所谓"收"，就应该结合学生学习的需要和教学目标的要求，采取灵活多样的方法，肯定学生创造性思维成果，挖掘和点燃学生的智慧火花，并通过对不同意见和不同结论比较与鉴别，引导、矫正学生对问题的认识，纠正理解上的偏差。教师和学生是一对学习的共同体，教师与学生是平等的对话主体，教师应该宽容地对待学生提出与自己相左的见解。但是，如果矫枉过正的话，势必对教学质量的提高产生不利的影响。一些教师并未深刻地、全面地理解对学生的尊重和包容，他们为了营造活跃的课堂气氛便放纵学生，导致学生出现一些与课堂教学无关的举动，反而使课堂出现混乱，这些都是与新课程理念相悖的。

课堂上生成的教育资源无处不在，但往往稍纵即逝。教师能否善于抓住瞬间出现的教育资源并有效地在教学中利用，体现了教师有什么样的教育资源观。

学生学习的课堂在哪里？一些教师尽管在口头上不承认，但还是把课堂局限在学校中。虽然，学校课堂是学生学习的主渠道，但是这个"课堂"中的知识往往仅限于教科书所涉及的知识，仅限于教师自身所拥有、所认可的知识，仅限于学校、教师、课程标准所规定、所预设的知识。

具体到学生读书、学习，许多教师大多把它局限于读教科书，关注点是应付选拔性的升学考试，引导学生寻求标准答案，追求分数变成为读书、学习的唯一目的。这种狭隘的读书观、学习观，忽视了读书、学习的广泛意义，忽略了作为个体的人的种种不同的需求，那就是学生的读书、学习带有明显的阅读、欣赏、研究的心态。其目的或为了兴趣、爱好，或为了休闲、娱乐，或为了研究问题、探求真理，或为了对社会有所贡献，使自己有所成就。在这种多元化的读书价值取向中，学生的视野开阔了。精神世界与人生阅历得到了丰富，情感态度与价值观得到了培养和完善。

在现行教育制度之下，标准答案式的教科书学习在短时期内是不可能取消的，教科书学习的强制性与功利性影响着我们的教育教学，并在现行制度下起着重要作用。但是，能否找到一种更好的办法，使我们的学生在学习、考试中既能符合标准答案，又有自己独特的思想，成为学习的主人？随着教育改革的不断深入，教育与社会融合程度的进一步加深，教育与社会需求将进一步得到平衡，旧的教育制度将逐步被新的教育制度所替换。这就要求教师要以新的教育教学方法进行教学工作，把学生学习的课堂做大，不仅要丰富课堂的内涵还要扩大其外延，使学生获取知识的渠道和内容更加广泛，教师教学的课程资源的来源更加多元化。

学生学习还面临着一个实际问题，就是属于学生自己支配的时间太少，无论是课堂还是课余常常被教师所占用。在课堂上，教师对学生不放心，讲和练成为教师的"看家本领"，以讲为主、讲练结合成为教师惯用的教学方法，哪还考虑学生这一学习主体？即便是在新课程实施的今天，尽管一些教师要树立学生的"主体意识"，创造机会来培养学生的"问题意识"，但最终还是要同到教师的标准答案、同到教科书来"统一认识"。学生充当了帮助教师完成教学任务的配角，教师与学生在教与学中的不对等关系，怎能提高学生的创造性？怎能促进教师的专业发展？

学生的学习到底是教师"讲"出来的，还是学生"悟"出来、练出来的？对于这个问题，有人把它对立起来，完全否定前者，过度推崇后者。但应讲点辩证法，实事求是，不能简单地一概而论，可根据具体的客观环境、学生群体的素质情况等因素，采取一种符合学生认知条件与能力的方式方法，使"讲""悟""练"的作用达到一种和谐与平衡。充分发挥各自应有的效能。现在教育界中呼声比较高的观点是要把学习的自由还给学生，让学生成为学习的主人，让学生去读书、欣赏、品味、思考，使学科教学回归自然的常态之下。这是一种理想状态，也是我们所追求的。但是，教育现实需要我们正确地审视和冷静地思考。怎么去实现我们所倡导的理想目标？理想与现实之间怎样才能够构建起一个恰当的桥梁呢？要做到这一点需要付出努力和代价。

教学这个概念的核心是教与学的关系问题。有人错误地认为学生的学习成就来自教师的教学，其实忽略了与学习成就直接相关的是学生这一主要因素。教与学只有本体论上的依存关系，而不是因果关系，学不是教的必然结果。教学即艺术，教学即文化研究，教学即关照，教师是能反省思考的专业人员，其职责在于建立良好的学习环境，设计合理的教学活动。

教师是课堂教学的组织者和引导者，应当切实履行好职责。学生需要教师"解惑"的，也就是需要精讲的地方、强调的内容，教师应当做到位，不能因为强调发挥学生的主体地位，就简单地忽略教师教学的主导地位。

我们经常面临如何看待课堂"热闹气氛"的问题，在对课堂气氛的活跃与死板的选择中彷徨、犹豫。

协同理论认为，协同与竞争既对立又统一，成为系统由无序向有序转化的动因。系统中有序和无序这两种变量可用熵来度量。系统越"乱"，熵就越大；系统越有序，熵就越小。但系统不能没有熵，没有熵，系统缺少发展的动因。由熵促成无序，在减熵的作用下又有序化，系统便不断发展。要使系统中协同与竞争都自觉地发生积极影响，推动系统的演化发展，就必须使系统处于积极开放的状态。由此看来，根据协同理论，教学主体与教学主体、教学主体与教学客体之间所形成的教学系统应该是一个开放、有序的系统，是一个充满"对话"与"交流"的系统。这种对话与交流的核心要素便是课堂教学中问题的建构，这个问题就起着"熵"的作用，不管是教师预先设定的问题还是在课堂生成的问题，只要是在有序环境下出现的有意义的问题，它就能在师生间、生生间引发出对问题深入的思考与思维的碰撞，使我们的课堂教学发生质的飞跃。

由此看来，课堂教学不能追求表面的"热闹"，不能无视学科的自身特点，不能不顾教师自身所擅长的教学风格，而去追求那种看似气氛活跃，但缺乏激活学生思维的教学组织活动。那么，怎样才能保证课堂教学既活跃又有实效？关键在于教师对课堂的控制能力，而这个控制能力就体现了教师的教学水平，体现了充满教学智慧的深厚底蕴。

教师要有在"小"课堂中寻找"大"智慧的意识，只有真正理解教育，才能改变教师课堂上的教育教学行为，才能真正做到，即"放得开"又"收得拢"。

课堂也需要契约

班上有些学生或爱调皮捣蛋，惹是生非，或注意力不能集中，在课堂中屡屡分心，经教师苦口婆心地教育后，学生也痛下决心要改正，可保持不了三两天，老毛病又犯了。美国中小学教师对付这种情况有一条新的锦囊妙计——契约，就是以口头或书面的形式规定师生双方的相互义务，指出学生在执行或未能执行契约要求的具体行为时，应得的奖励或惩罚。契约的形式多种多样，有效时间因人而异，重要的是要让学生准确理解契约的目标和要求。如果经过检验，契约对纠正个别学生的不良行为确实有效，还可以把这种课堂管理方式推广到全班，制定集体契约。

运用契约已被认为是一种非常成功的行为矫正方法，特别是在中学阶段使用有独特的效果。运用"契约"的方法，教师可以明确地指出哪些工作或哪些行为必须在什么时候完成，契约也指出了如果学生如期完成工作或表现良好，教师的奖励是什么。契约能引导一个合法、承诺和责任的氛围。学生和教师在双方同意的前提下在契约上签字。有时候，父母也可以和学生一起签字。

案例一：小华上课总是忘记带张老师要求带的东西。张老师就和小华签了个契约，小华同意每天都会带课本、笔、作业本到学校。如果他每天都带，一周可以得到五点。累积到十五点，就可以在张老师收集的笔中，挑一支最特别的笔。

案例二：在一次家长会上，某教师当着学生的面向家长反映该生不足时，家长生气地对孩子说："从小学到中学，我就没听到一句表扬。"而孩子对此，一脸漠然。

此刻，教师意识到，这个家长对自己的孩子已是完全丧失信心，而孩子面对指责也已麻木。必须从另一个角度来帮助这个孩子树立自信心。

等家长走后，教师便与学生谈心，了解到该生在小学确已是被批评惯了。于是，教师便和学生约定：从此刻做起，只要学生能保证一周内在课堂上能遵守纪律，教师便书面写一封表扬信给他的家长。

学生想了想，心有所动，终于答应下来，而且还一再嘱咐，不能打电话，必须是表扬信，他是怕在电话中一说又提到他的缺点。

接下去的一周，这个学生由于老毛病，距离教师的要求还有一段差距，但明显有进步。学生本以为教师不会写表扬信了，但教师决定还是写，而且写完后还让学生看了，并交给学生让他带回去，学生此刻的心情可想而知。教师趁机再对他提出下一阶段的要求，你完全可以想象这个学生此时高兴的心情，并相信他对自己以后的进步树立起了坚定的自信心。

对高年级学生而言，契约是类似于法律的术语，正式打印出来的契约的形式，容易使学生乐于用这种方式来约束自己的行为。也正因如此，学生会十分认真地对待契约，契约才有约束力。

而且，通过契约，还可以激发学生的学习热情，提升学生的自信心。作为教师，何乐而不为呢？

好的开始就是成功的一半

我有一位同学，是某中学的班主任兼语文老师，她非常受学生喜爱，而且上课时课堂秩序也很好。人们每每问起她的课堂管理秘诀时，她总爱讲一个她亲身经历的故事来说明。

经过一个学期的共同生活，我对全班同学各方面情况都有了比较详细的了解。新学期到了，我给同学们送些什么呢？临近过年，不是要送"红包"吗？我何不因势利"导"，顺水推舟呢？思考再三，我终于决定：寒假里精心筹划，一开学便给全班每一个同学一个惊喜，送一个"红包"。于是，新学期，我班同学都收到了特殊的礼物——班主任发的"红包"。班会上，我说："同学们，你们过年收到过'红包'吗？"不少同学异口同声地说："收到过！不过，今天老师也给你们一人送一个'红包'！同学们新年好，狗年红包不能少！"大家兴奋不已。

我给同学们送的"红包"，有八件小礼物，同学们戏称"吉祥八宝"：

一包甜蜜糖。希望同学们学习生活都很甜蜜；

一句真心话，班主任给每个学生的祝福；

一张读书卡，推荐新学期一些读书书目，如《告诉世界我能行》《爱的教育》《青铜葵花》……

一条名言或格言，主要内容有爱国、明志、自强、诚信、好学、求新、勤俭、感恩、务实等；

一张新学期"作息时间表"；

一张课程表；

一张一费制"收费表";

一张新学期班级工作"建议表"。

我给孩子们的祝福因人而异，力求有个性。

周墨同学平时好动，有时学习时间抓得不紧。在周墨的，"红包"里，我给他的祝福是"一分耕耘一分收获，愿你在新的一年里珍惜光阴，争做合格的中学生"。他表示，新学期将努力学习，争取更上一层楼。

李强同学幼年丧母，家庭比较困难。在李强同学的"红包"里，我是这样祝福他的："愿勤奋、聪明的你能勇敢地走出困境，迎接灿烂的明天。"

王帅同学活泼有余，自律不足，有时还欺负其他同学。在王帅的"红包"里，我希望他"新学期严格要求自己，成功的彼岸一定属于你"。……

新学期刚开始就这样对待学生的老师，能不受欢迎吗？她的课堂秩序能不好吗？

俗话说："好的开始是成功的一半。"做好开学工作对班主任管理好整个班级相当重要。因为，面对一群学生，若不能迅速将他们组织起来，稳定其思想，规范其言行，一旦成为一盘散沙，后果将不堪设想。那么，新学年伊始，班主任应从何处下手，又如何取得学生信赖，成为班级的有力领导者呢？

一、见好第一次面，给学生一个好印象

初次与学生见面，学生肯定会带着新奇、猜测的心理来观察新任班主任。这就需要你衣着整洁端庄，举止文明大方，言谈亲切动人，目光友善传神。一句话，就是以你的形象吸引人，以你的魅力感染人，以你的威信慑服人，以你的情感亲和人。

二、调整好宿舍和座位，给学生一个归宿

学生到学校以后，可能首先关注的是班主任是谁，其次是教室在哪里，最后是"我坐在哪里"。教室和座位是学生到学校后生活和学习的主要物

质环境，他们的关注是有道理的。座位是学生最为直接的利益，又是学生进校后班主任做的面对全班学生的第一件事，班主任一定要谨慎对待，要公平行事，切不可弄权。

三、组建好班委会，给学生一个龙头

班干部是班主任的左膀右臂，建立高效、务实、开拓、进取的班委会，将会使班主任从千头万绪的班务工作中解放出来。有了得力的班干部，你的眼睛就会明亮，你的头脑就会清晰，你的思路就会明确，你的办法就会巧妙。在接手新班级时，可以根据学生的档案材料临时指定几个，或者根据学生自我推荐的形式产生几个，先临时管理一下，等学生稍稍熟悉以后，再通过其他的形式产生学生干部。

四、熟悉校园环境，给学生一个家园

一年级新生来自不同的学校，对新学校不熟悉，因此做好此项工作非常关键。班主任首先带领学生了解学校内外地理环境，哪里是车站，哪里是银行，哪里是邮局，到哪里购物最方便实惠，学校行政楼在哪里，财务处在哪里，寝室、教室、食堂、厕所以及医务室的位置，如果有条件的话，可以给学生做一个《入校指南》，这样学生办事就非常方便。同时，还要尽快熟悉学校的教学设备、电灯的开关、水龙头的使用、窗户与门的开启、马桶的使用、教室投影仪的使用、图书资料的借阅、生活困难的求助、问题解决的申诉等，这些虽然是小事，可我们的很多学生可能来自农村或者贫困地区，从来都没见过这些东西，也不知道如何使用它们，班主任如果把工作做细了，就会免去学生不必要的麻烦和尴尬，也方便了学生的生活和学习。这里要注意的是，班主任在介绍这些简单的生活设施的时候，一定要面向全班学生，而不是个别同学，以免这些同学产生自卑心理。同时，还要给学生讲解学校办学的历史，尤其是学校的毕业生情况，分析学校现状，谈谈教育的优势和不足，既要增强学生对学校的自豪感，又要介绍真实情况，让学生对于学校的不足有正确

的认识和充足的心理准备。

5.开好家长座谈会，树立家长信心

为了尽快地了解学生，融洽师生关系，因材施教，个性管理。除了直接对学生进行观察，还要积极主动地接触家长，比如开一次家长会，简单地向各位家长介绍各任课教师情况，然后开诚布公地表明自己的决心、本班的奋斗目标以及规约制度等，争取得到家长对班主任工作的理解和支持，尤其要树立家长对班主任的信心。

新学年，班主任若能切实做好以上工作，班级管理就会很快进入高效快捷的运行轨道，班务工作就会开展得有声有色，丰富多彩。

课堂管理要管放有度

课堂管理非常重要，它是实现教育目的、确保教学质量的重要手段，关系着学生学习的质量、效率的高低和学校教育教学成果的好坏。在课堂管理中，有人"严"字当头，管理严格，要求学生在课堂上规规矩矩，专心致志，一点一滴必须按老师说的去做；有人"放"在首位，管理松散，允许学生上课随便做什么，只要不影响教师的正常教学秩序、不妨害他人的学习、不影响课堂纪律。显然，不同的管理方法产生不同的结果。

教师在课堂管理上，要准确把握好自己的严格与宽松之度。要打破传统管理局面，使自己的课堂教学收到良好的效果，就需要改变管理方法引发质变；要使学生不因自己管理的宽严过度走向一个极端而发生质变，就需要把管理的宽严置于一定程度。宽严有度的课堂管理会使课堂气氛活跃，教师教得舒畅，学生学得快乐。

课堂管理的目的是为学生的学习创造宽松和谐的气氛和环境，是为学生自我驾驭，开发潜能服务的，课堂管理应该是双方共同参与，具有强烈的民主性。如果教师在课堂管理方面能做到宽严有度，严以律己，宽以待人，广泛尊重学生，听取学生意见，彻底打破传统的课堂管理上教师"一统天下"的局面，那么何愁课堂管理不科学？

"爱必严，严即爱"，严并不等于简单的看、管、压，它是管理经验的沉积，是管理艺术的结晶，更是爱的具体表现。要严而有度，学生"亲其师"才能"信其道"，教师对学生严中有爱，严中有度，严中有循循善诱，符合学生身心和谐发展规律的严格，才能让学生接受、认可并遵循。如果过于严格，反而会给学生心理上、行为上、情感上造成一定的压力，使他们欲行则难，行中有怨。"师道尊严"这个"力度"的把握，应该成为新时期教师的一种必备的能力。

四川成都的武侯祠，有云南剑川人赵藩于1902年题的一副对联："能攻心则反侧自消，从古知兵非好战；不审势即宽严皆误，后来治蜀要深思。"对联既赞扬了诸葛亮执法严谨，审时度势，实事求是，宽严结合的施政方针，也针砭了作者所处时代四川的时政。作为一名光荣的人民教师，在向学生施教时，也宜借鉴这副对联，把握好"宽"与"严"的度。

太宽，易流于空泛，导致放任自流；过严，则束缚学生的个性发展，走进死胡同。只有宽严有度，才能使工作大有起色，但是在实际工作中，要真正把握好这个"度"，却并非易事。我初出茅庐，刚登上讲台时，信奉"严师出高徒"，因而时时处处对学生严格要求，几乎达到苛刻的程度。虽然我严于律己，作出行为表率，但终究收效甚微，纪律、行为规范还容易收到良好效果，学习成绩距离期望值就较远了，欲速则不达，尝尽了拔苗助长的苦头。经过深入反省，总结经验教训，我明白了，对某些学生，要他们完全掌握教材知识确实是困难的，于是我把学生分类，区别对待。对学习较好的学生，仍然从高从严要求；对学习较差的学生降低要求，这样一来，师生反而都轻松了。降低了要求的学生也体验到取得成绩的快乐，享受到老师表扬的喜悦，因而学习更用功了，成绩自然有了提高。

即使课堂纪律，也宜宽严有度地把握。不严，难以组织教学，但是如果学生整堂课都处于高度紧张状态，收效一定不会好。曾经有一次在课堂上，一个男生举手，我问什么事，他答要去上厕所，本来我们有规定，上课时不准去上厕所，但我考虑到，他刚才很遵守纪律，看他的表情，似实情，不像捣蛋，我批准了，下课后，他主动问了我刚才没听到的内容。

以后的课，我特别留意这个学生，发现他非常专注，且做笔记十分认真，课外他对我也礼貌周全。所以，对学生，在可能的情况下何妨宽容点呢？宽后，他自己会严的。记得一名著名教育家说过：只有学生有犯错误的权利和机会。当然，学生犯了错，老师仍然要给予教育，使他改正，教师在引导其改正错误时，应从严要求，从宽处理。这样，学生才会口服心服。

宽严有度，一定能使你成为一个受学生尊重的老师。

通过这个案例可以看出：这位教师在实际教学中，摸索出了课堂管理的"宽"与"严"的度。

严于律己，对学生要求近乎苛刻，很容易造成师生间的隔膜，学生体会不到教师的良苦用心，教师觉察不出学生的想法，很容易使学生形成意义障碍，造成物极必反的局面。但充分给予学生发展个性的空间，也会造成难以管理的局面。

这个实例使我们知道：只有广泛尊重学生，听取学生意见，给学生的学习创造宽松和谐的环境。这样，老师、学生的教和学才能一张一弛，达到事半功倍的效果。

老师只有做到严中有爱，严中有度，才能使学生"亲其师""信其道"。

第三章

无形中化解冲突

每个人都有其不同于任何其他人的经历，有自己独特的情感、理解和背景，因此，人与人之间出现不一致或冲突是不可避免的。无论什么样的关系，也无论交往的双方关系有多么深刻，情感有多么融洽，都可能出现冲突。

课堂教学中，学生相互讲话、看课外书、嬉戏等，这些行为妨碍了教师教学，干扰了教学工作的正常进行，必然会引起教师的烦乱、焦躁、愤怒。为了继续教学，教师必须解决这些问题，于是，教师可能严厉地批评学生，而这又使学生产生痛苦、自卑等心理问题，学生为了维护自己的形象，就会抗拒教师。这样，师生之间的冲突就产生了。

师生冲突难免，教师要理性对待，巧妙解决。

马老师一抬头，忽然发现坐在后排的两个男生没做笔记。他们的头凑在一起，似乎在交谈什么。马老师生气了：这么重要的内容居然不做笔记。于是，就叫了其中一位的名字，问道："你怎么在讲话？"原以为他会因为被老师发现而有所悔改，谁知他生硬地扔了一句话："我又没讲话。"马老师想，有这个可能，因为没看清他们在做什么。但为了显示一下自己的权威，马老师又问了一句："你记笔记了？"出乎马老师意料的是，他的口气比原先更僵硬，声音音量也提高了，回答道："没记！"弦外之音"看你把我怎么样"。

马老师更加恼火了，课堂气氛顿时紧张起来，刚刚还低着头看自己笔记的学生也不约而同地抬起了头，脸上凝着紧张的气氛，用略带惊慌的目光注视着，无奈地等待一场劈头盖脸的训斥。这时，马老师真的想好好地维护一下自己的脸面，狠狠地批评他一顿。但转而一想，毕业班的学习本来就很紧张，如果再小题大做，不仅会影响自己上课的情绪，更会影响到学生的学习情绪，白白耽误了一节课不说，更不利于今后与学生之间的交流。于是，马老师灵机一动，把目光转移到他同桌的身上，顺便缓和了语气问："××，你好像记了一些，是吗？""老师，嗯，我记了。"这位学生见状，机警地答道。"那好，下课给我检查一下。""啊，要检查呀。"他的话音刚落，教室里就响起一片笑声。课堂气氛顿时缓和下来了，又回到轻松愉快的气氛中来了。

教师如果能控制住自己的"火气"，规范、调控好自己的言行，表现良好的人格修养和较高的教育技巧，一般可以淡化或解决课堂冲突。

其实，面对较差的课堂纪律，如果教师不分青红皂白呵斥镇压，往往会适得其反，虽然有时奏效，但实在是有损教师风度。这时，教师可以暂停讲课，微笑着，沉默着，让学生自己省悟。也可以不受干扰，旁若无人地继续，尽量使教学语言更有吸引力。或者机智提问，吸引学生思考。总之，要对学生有一个善意的认识，肯定他们不是故意让老师难堪。

下面的建议值得参考：

1. 正确对待课堂中的师生矛盾

由于教育教学过程中师生矛盾的客观存在，师生冲突的发生是难免的。中学生正处于青春期这一特殊的阶段，其身心急剧变化造成自主意识增强、情绪不稳定、自控能力较差和强烈的逆反心理，加之中学教师普遍存在的高强度的压力、自身心理素质等问题，中学阶段成为师生冲突的高发期。

2. 教师应提高成功化解师生冲突的技能技巧

师生冲突一旦发生，对于冲突走向，教师起着决定性的作用，是事态演变的主导方。而教师的言行"出格"会直接导致师生间一般性冲突的激化。要将之控制在一般性冲突的范围内，尽可能地避免对抗性冲突的发生，关键在于教师要控制住自己的"火气"，规范、调控好自己的言行，务必使言行符合自己的角色特征。而这恰恰要求教师具备良好的人格修养和较高的教育技巧。

3. 要从根本上减少课堂师生冲突，应有一个宽松的育人环境

愈演愈烈的升学竞争导致过重的学业负担以及师生心理健康危机，这在某种程度上扭曲了正常的师生关系，极易使师生发生冲突。如果社会能给学校一个宽松的育人环境，给学生一个宽松的成长空间，那么课堂冲突必然会减少很多，课堂将有一个良好的教育环境。

专注才能深入——集中学生注意力的细节

有位教育家说过："注意是我们心灵的唯一门户，意识中的一切，必

然经过它才能进来。"当人对某一事物高度注意时，就会对这一事物反应更迅速、更清楚、更深刻、更持久。事实上，只有那些进入注意状态的信息，才能被认知，并通过进一步加工而成为个体的经验，其目标、范围和持续时间取决于外部刺激的特点和人的主观因素。如果学生学习时注意力分散，心不在焉，就很难集中在一定的学习对象上，导致视而不见、听而不闻的现象发生，不能很好地感知和认识教材。所以，要很好地完成课堂教学目标，提高学生的认知水平，教师应该培养学生良好的注意习惯和具有较强的注意力。

教室里飘扬着《春天在哪里》的悠扬的旋律……（导入揭题）

师：刚才老师放了一首动听的歌曲，你们知道这首歌叫什么吗？

生：《春天在哪里》。

师：你真是个细心观察的好孩子。现在正是——（生：春天）我们身边都发生了哪些变化？

生：小燕子都从南方飞回来了。

生：动物都从洞里出来找食物了。

生：春天的树也变绿了，人们身上的衣服也减少了。

生：冰和雪都融化了。

师：今天，老师就和小朋友们一起学习一首优美的小儿歌。我们一起来读读课文的题目。

（出示课题：春天的手）

生（齐读）：春天的手

师：这个字就读——（出示"春"的生字卡片，贴在课题旁）

生（齐读）：春。（初读课文）

师：这首儿歌写了什么呢？我们一起来边看图边听课文录音。（播放录音，教师在实物投影展台上展示课文插图）

生：边看图边听课文录音。

师：你们想不想读一读这首优美的儿歌？打开课本第14页，我们跟着录音小声读读课文。

（放课文录音）

（生跟着录音小声读课文）（随课文学生词）

师：春天的手——

生：温暖轻柔。

师（出示"温、暖、轻、柔"的生字卡片，贴在黑板上，手指词语）：这个词读——

生：温暖、轻柔。

师：春天的手——

生：抚摸着大地（教师出示"抚摸"），大地一片新绿。

师（手指词语）：这个词读——

生：抚摸。

师：春天的手，掠过——

生：小河，小河唱起了快乐的歌。

师：春天的手——

生：拂过树梢，枝头传来新生小鸟的欢叫（教师出示"传"）。

师（手指"传"）：这个字读——

生：传。

师：春天的手——

生：拍着我们的肩膀，小朋友们个个活泼又健壮。（教师出示"拍""肩膀""活泼""健壮"）

师（手指生字卡片）：这是

生：拍、肩膀、活泼、健壮。

师：拉住春天的手（出示"拉"）——

生：春天就在你心头。

师：这就是我们这节课要认识的新朋友。老师还要领着小朋友复述一遍课文，请小朋友在课文当中找到它们。

（师生共同复述课文，教师随机指认生字）

师：我们可以用什么办法记住它们？小组同学商量一下。

（小组同学之间进行讨论）

师：你们想到什么好办法了，上来说一说。

生：我们是用组词的办法，（拿出"肩膀"）肩膀。

师：小组的同学可以帮帮他。

生：温暖、温柔、健壮、抚摸、轻柔。

师：他们注意观察了温暖、轻柔、温柔。

生：健壮的"健"右面是个中国建设银行的"建"。

师：你用熟字加偏旁的办法记住这个字。

生：我用偏旁记住"拍"和"拉"。拍、拉。

（其他学生跟读）

师：她把两个提手旁的字找在一起了，我们这节课有几个提手旁的字？找一找。

生：四个。抚、摸、拉、拍。

师：提手旁的字与什么有关系？

生：手。

师：在本课中，指的是谁的手？

生：春天的手。

师：还有几个字怎样来记？

生："春""日"代表春天的太阳很温暖，上面代表三个人在走路，合起来就是"春"。

师：说得真好，真是个注意观察的孩子。我们这节课学的哪些字还带"日"字？

生：温、暖。

师："暖"的偏旁是日字旁，但"温"的太阳是在器皿上，它可以使器皿里的水变热，所以它的偏旁是三点水，这是它们的区别。剩下两个字谁来记？

生："传"。传是人来传东西（手指单人旁），右面是专卖店的"专"。

师：他把课内和课外的知识联系起来，这样学知识就更有意思了，希望你把这个好习惯坚持下去。再领小朋友读一读。

生：这个"传"我爷爷的名字里就有。

师：你也注意把课堂和生活联系起来学习。还有一个字，谁来说？

生："泼"，泼水，所以是三点水旁。

师：她用偏旁来记这个字，还有没有好办法？

生："泼"是三点水旁，像浇水洗头发。

师：他记住右边是一个"发"，用熟字加三点水，这个字就记得更牢了。

生：水可以用水力发电，江水必须流下去带动准轴，才能发电。

师：你是怎么知道的？

生：我是从书上看到的。

师：看来多读书，对我们特别有帮助。我们都要向他学习。组长领着小朋友再来读读这些字。

（小组开火车或抢答）

师：老师和小朋友玩一个对口令的游戏好吗？把卡片摆在桌上。温暖的温在哪里？

生：温暖的温。在这里。

师：对口令速度要快，看哪位小朋友对得最快。温暖的暖在哪里？

生：温暖的暖在这里。（理解课文、指导朗读）

师：生字都会读了，课文一定能读得更熟练。打开书，自己读读课文。

（自由朗读课文）

师：课文写了春天的哪些景物，它们都有哪些变化？

生：大地一片新绿，小河里的冰都融化了。

师：对呀，河水开始唱歌了。

（随机出示板书：大地新绿小河唱歌）

生：小鸟在枝头欢叫，小朋友在树林里玩。

（随机板书：小鸟欢叫）

师：她加上了自己的想象，真好。谁来读读书上的那句话。

生：春天的手拍着我们的肩膀，小朋友们个个活泼又健壮。

师：小朋友们活泼又健壮，正在草地上玩游戏呢。

（随机出示板书：小朋友们活泼健壮）

师：春天来到我们当中了，谁能把描写春天景物的句子读一读？

（生读2—5句）

生：老师，他漏了一句。

师：你来帮他补上。

（生读第4句话）

师：少了第 4 句，听得真仔细。

生：小河唱起了快乐的歌，他少了一个"了"。

师：你听讲真认真。谁能把课文读得正确流利？（生朗读整篇课文）

师：读对了，能做到正确流利，但没有听好老师的要求，是读描写春天景物的句子，2、3、4、5 句，要听好老师的要求。

师：听，春天来了。请同学们闭上眼睛，边听边想象，看看你的眼前出现了什么？

（放录音：鸟鸣、流水、音乐）

生：我眼前出现了小鸟。

生：我眼前出现了一个牧童在吹笛子。

师：想象力真丰富。

生：我看到小草在笑。

生：我看到一座山上有一个很大的瀑布，瀑布上还有一个铁索桥，很多小鸟在唱歌。

生：山上有一个瀑布，那里面有一个山洞，我和狗熊在那里玩呢。

（听课老师笑）

生：我看到大自然，大自然里什么都有。

师：有什么？说一说。

生：有太阳、白云，小朋友在那里玩。

生：有很多花，我还看到了蒲公英。

师：是呀，春天到处是绿色的世界，花的海洋，万物一片生机，格外美丽。谁再来读一读描写春天的这几句话，注意边读边想象。

（生自由练读）

师：谁来读读这几句话，读出春天的生机盎然，读出春天的美丽。

（生朗读 2—5 句）

师：老师听出来了，他有点喜欢春天。还有谁想读，你是不是比他更喜欢春天？

（生朗读 2—5 句）

师：从她的表情老师可以看出，她更喜欢春天。春天的手指的是什么？

生：春天的手指的是春风。

师：那好，同学们，把你们的手伸出来，老师看看哪双手最像春天的手。

（教师朗读课文，学生做动作）

师：老师看到她的手最像春天的手，表演给大家看一看，注意观察她的动作有什么特点？

（教师朗诵课文，学生做动作）

（生和在真的大自然中一样）

师：她的手怎么样？

生：很温柔。

师：她为什么这么温柔，你知道吗？

生：因为春天是温柔的。

（听课老师笑）

生：春风不像大风一样，就像小风一样。

师：书上用了什么词形容春风？

生：温暖、轻柔。

师：读课文时应读出春风的温暖和它的轻柔，你们再来读读整篇课文，待会儿老师要评选出"春天小精灵"，你们自己先练一练。

（生自由练读）

师：有信心当选"春天小精灵"吗？什么样的同学可以当选"春天小精灵"？

生：声音洪亮。

生：读得温暖轻柔。

生：读得很熟练，很像春天的味道。

师：春天什么味道？柔柔的。

师：还要注意什么？

生：表情。

师：表情可以帮助你把课文读得更好。

（生朗读课文）

师：有资格当选"春天小精灵"吗？

生：有。表情出来了，声音也感觉到春天来了。

师：有春天的气息。

（为生戴头饰）

（生朗读课文）

生：她读错一个词。（生纠正发音"活泼"）

师：你来说一说。她有资格当选吗？

生：没有。

师：她的表情、语气都很棒，老师真的感觉到了春天来到我们中间。老师想把"春天小精灵"的称号送给她，同意吗？（戴头饰）尽管有一个小错误，改正就可以了。

师：背过的同学请起立，没有背过的同学看书，老师给大家配上音乐，我们一起来读读这首儿歌。

（布置作业）

师：这节课我们认识了这么多的字，而且把春天带进了我们的教室。课后，老师布置一个大家都喜欢完成的作业：我是小侦探。让我们寻找春天的足迹，看看春姑娘都到过哪些地方。

案例中，教师采用多种教学手段，从各个方面吸引学生注意，充分调动了学生的注意力，较好地完成了教学目标。具体来说，在课堂教学中为集中学生的注意力可以从以下几方面入手：

1. 通过导入创设情境，激发兴趣

要想引起学生注意又能维持注意力，兴趣是很重要的。人的兴趣不是与生俱来的，它是在一定需要的基础上，在实践的过程中产生和发展起来的。如果教师能够努力创设出一种轻松积极的课堂气氛，使课堂教学的内容贴近社会，贴近生活，符合学生的需要，就能激发学生的兴趣，使学生的注意力更加集中。所以，教师导入新课要有特点，有吸引力，能够把学生的注意力集中起来，并把学生的学习兴趣激发出来。

2. 新授内容在组织中应有挑战性、兴趣性、竞争性、协作性

这样才能使学生在教师的组织下，主动地去学习，去活动，并开始善于思考和创新实践，愿意去相互交流、帮助、协作。

3. 教师应注意调节课堂

人在疲劳时，常常不能觉察到那些在精神饱满时易于引起注意的事

物；人在精神饱满时，更容易对新鲜事物充满好奇，而且，注意力也易于集中和保持。而我们知道，学生很难在四十多分钟内始终如一地集中注意力，所以教师可以在课堂中途根据教学内容设计一些活动，如举手指选择答案或者拍手选择等，把学生的注意力重新找回来。

4. 巧用教学方法，集中学生的注意

（1）信号警示。当学生注意力开始分散时，教师要及时给予信号警示，可以凝视或点头示意他，也可以走近并拍其肩背加以提醒。

（2）指名提问。提出问题，然后指名让不注意听讲的学生回答，警示他要专心听讲。所提的问题应与教学活动紧密相关，对学生的回答要给予正面评价，以激发他听课的积极性。

（3）好奇心驱动。有时候因为种种原因，课堂氛围会变得很乱。这时最好的办法是利用学生的好奇心理来集中学生的注意力。例如，学生注意力涣散时，教师可以突然举起右拳说："谁知道老师手里握的是什么？"学生纷纷抬头注视，注意力马上集中了，教师接着说："想不想知道？要想知道，先回答几个问题，然后老师告诉你们。"然后装作把东西放进口袋，继续开始教学。

5. 培养良好习惯，训练学生的注意力

苏联心理学家西·索洛维契克说过："要想在课堂上集中注意力，我们还是从一年级就学会做简单的事情开始吧：身体坐正，振作起来，做好听课准备……这样，我们就会非常容易地把注意力集中在老师的讲解上。"确实，如果我们把头倚在座位上听课或趴在桌上听讲，怎么能集中注意力呢？所以，为了使学生集中注意力，养成良好的习惯，就要从培养良好的坐姿开始。另外，桌子上除了摆放必需的学习用具，不要摆放与本课无关的东西，尽量减少那些"玩具"对学生的干扰，避免养成上课玩东西做小动作的习惯。

常变才能常新——改变课堂环境的细节

有句话叫：熟悉的地方没有风景。在一个一成不变的环境里久了，人就会产生厌倦感，这是许多人的生活经验。

对学生来说,这条经验同样适用。在一成不变的课堂环境里时间久了,同样会感到厌倦。

想想看,假如形状、位置、摆放等十年如一日般从来不曾变过的讲台、黑板和课桌椅,突然之间成了另外一副模样,学生该会有着怎样的心情呢?

不要以为这是一件毫不起眼的小事情、小细节,变一变,会让你收到意想不到的效果。

特级教师刘老师给学生上课时,总爱出一些令人意想不到的点子。听他讲课,会让人有一种重换天地的感觉。

在教授"自由落体运动"一课时,所教内容枯燥,一些学生开始昏昏欲睡。

刘老师立即停止讲课,提议道:"同学们,这节课我们把课桌椅重新摆放一下,大家围成一圈听课,如何?"

台下的学生不知他葫芦里要卖得什么药,还以为是要做什么游戏呢,于是立刻动手摆弄桌椅,两分钟后,一个"圆桌会议室"就出现在学生面前。

刘老师站在圆圈中心,就像电视上的主持人一样,一本正经地扫视着四周的学生,而学生也笑嘻嘻地盯着圈内的老师。

"好,现在我们开始上课,大家看,如果我把这个纸袋和这个小钢球同时往下扔,你们会看到什么现象?"

"钢球先落地呗!""钢球落得快!"周围的学生七嘴八舌,甚至一些平时很少发言的学生也开心地看着刘老师。

刘老师对这种气氛十分满意:"对,这就是我们的生活经验,这也是公元前希腊的哲学家亚里士多德的观点。但是,我现在要变一个魔术,结果与你们想象的是不一样的。我让你们围成一圈,就是便于你们更仔细地盯着我,如能看破并指出我魔术中的花招和漏洞者,必将重奖。"

刘老师将手举高,纸球和钢球同时从手中跌落,且几乎同时落地。

学生们七嘴八舌起来,"呀,真奇怪。""可我明明没有看到老师用什么方法吗。"

刘老师笑道:"想知道原因?那就请听我详细分解!"

学生们顿时竖起了耳朵。

为了调动起学生对课堂的兴趣,刘老师经常性地改变课桌的排列顺序,如排成圆形,或让学生背朝黑板,或两人一组,或一人一桌等。在口语交际课的时候,刘老师曾经尝试把课桌摆成相对的两大组,形成辩论的激烈场面,便于学生间的相互交流。

刘老师说:"课桌的摆放并不是单一的,老师可以随时更换,随时给学生新鲜的感觉。只要学生喜欢,我的教学就算成功了一半。"

刘老师的特级教师之路,确实再次印证了他成功的教学思想和理念。

仅仅是桌椅的摆放位置做了改动这样一个小细节,却让学生有换了一番天地的感觉。课桌椅不再是规规矩矩的方阵,而变成了富有曲线的"圆",亦或别的什么形状,这些"面貌一新"的不同寻常的变化确实能让学生眼前一亮:哦,原来也可以在这样的环境里上课!此举必然能激发学生的兴趣,并一改往日的无精打采而呈现出高度兴奋状态。因为视野的变化就会影响到学生的心情的变化,这非常有利于教学。

对习惯了"脸朝讲台"的学生来说,突然有一天,老师不再高高在上,而是走下讲台,与他们"平起平坐"。虽然老师的"威严"减少了,但却与学生的距离拉近了,也在无形中增加了师生在教学中的交流。

改变课桌的摆放,这个小动作看似简单,却给学生创设了一种轻松自然的学习环境和氛围,有利于学生集中精力听讲,也有利于教师组织教学。

改变课桌椅摆放,使得教室的空间环境有利于师生互动、生生互动,尽可能地解放学生的所有感官,让课堂充满生命的灵气。它彻底打破了传统僵化的教学组织管理方式,体现了富有个性和充满活力的教学组织形式,体现了刘老师独特的教学手段,

根据研究表明,在传统的课桌椅"秧田式"排列法的环境里,坐在前排和中间的学生,由于他们与老师之间的空间距离较短,心理距离也

相对较短，这些学生往往能博得老师的表扬和称赞，因而也会以较大的热情投入学习活动中，学习成绩也相对较好。

而坐在后排的学生则对学习持消极态度，也由于他们与老师的空间距离较远，因而心理距离也相对较长，这些学生表现出对自己获得学习上的成功也缺乏信心。

因此，一些有经验的教师，往往会对有限的教室环境做一个小小的变动，以此来带动学生学习态度的转变。

下面提供一些小建议。

（1）改变桌椅排列形式。可根据教学需要，将课桌椅随意组成马蹄型、对称型、品字型等，使学生更好地参与课堂教学活动。

（2）改变教室的光线和通风状况。

（3）改变教室空间和色彩。用低矮的小隔断改变教室空间，用盆栽的装饰花木等美化教室，调节教室色彩。

（4）改变教师的办公地点。在教室内开辟教师办公角，把办公桌搬进教室，以缩短师生间的距离，但前提是教室里有足够的空间。

虽然教学空间是有限的，但是只要用心思索，就能在有限的空间里创造出无限美好的人文环境。

走下讲台，到学生中去

老师站到学生中间，忘掉自己是老师，以一颗童心在心理上和学生相容，这是师生之间全方位的信任，也是一种真正的师生情。

当今社会，学生获取知识的手段和渠道多种多样，学生希望得到解答的问题千奇百怪，层出不穷，这要求教师掌握更多的专业知识。古人云："是故弟子不必不如师，师不必贤于弟子。"身为教师，要敢于承认这种现实并能正确对待。

走下讲台当教师，不仅是观念上的更新，更是教师角色的一种转换，照本宣科式的讲解已被证明不是最有效的教学手段，苦守三尺讲台的坚韧也不一定能换来累累硕果，因此走下讲台当教师，就成为一种明智的选择。走下讲台当教师，到学生中去，了解他们的所思所想，倾听他们的内心独白，真正做到把课堂还给学生，可以进一步调动学生的学习积极性，使之能够畅所欲言，各抒己见。教师走下讲台，近距离直接面对学生，可以更深入地了解学生的特长，只要用心观察，就会发现每个学生身上都闪动着一种灵光。

传统的教室中，讲台是不可缺少的，它总是教室中最起眼的一张桌子，比学生的课桌要高、要大，似乎象征着教师的权威。新的音乐课程观认为："音乐教学应该是师生共同体验、发现、创造、表现和享受音乐美的过程。"既然是"共同"的，那作为音乐教师就应该俯下身来，倾听孩子们的心声，走下讲台，感受孩子们的创想。我在近几年的课堂教学中，大胆和三尺讲台说拜拜，着力营造轻松民主的课堂气氛，建立平等和谐的师生关系，使师生真正融为一体。

镜头一：

老师站在讲台前严肃地提问："请说出《命运》一曲的作者并简单介绍他的生平。"讲台下面是一张张严肃的小脸和举起的寥寥几只小手，有知道答案却不想说的，有不知道答案手足无措的，更多的是怕说错挨批评的……"×××，大家都在思考，怎么又是你在做小动作，站起来，给我站到讲台前，谁再开小差，就上来和他做伴。"

课堂里鸦雀无声，就连刚才已经举起的手也慢慢放了下来，个个都安静地坐着，老师除了再来一次狂风暴雨般的批评也无可奈何……

镜头二：

原来的讲台没有了，取而代之的是和学生差不多高低的小课桌，老师走到了学生中间："孩子们，老师想和你们一起表演《小兔乖乖》，我演大灰狼，你们演小兔子，OK？""OK，耶！"伴着《小兔乖乖》的音乐，师生欢乐地唱着、跳着、笑着……有只小兔"掉队"了，老师轻轻走过去，像大灰狼一样夸张地龇牙咧嘴一番，"小兔"红着脸加入了大家的表演队伍……

没有了讲台的音乐课堂，让我的教学更轻松、让我的学生更富有个性。马蹄形、半圆形、梅花形……我们的座位并非一成不变，而是根据教学的需要而随时变换，让学生时时有新鲜感。作为教师的我既是组织者、指导者，更是参与者，我们一起歌唱、一起思考、一起舞蹈、一起绘画……和三尺讲台告别后，我的音乐课堂灵动飞扬。

美国教育家杜威曾说过："教师不应该站在学生面前上课，而应站在学生后面。"他说得非常有道理，教师站在讲台上，以一对众，怎能亲近学生，与学生沟通呢？正如案例中的镜头一，这是传统的教学方法，教师站在讲台上提问，首先给学生居高临下的感觉，而且拉大了教师与学生之间的距离，再加上表情的严肃，使学生认为教师不亲切。这种教学会使学生产生一种胆怯心理，即使知道答案，也不敢说。这样的教学便大大降低了教学效果，而我们换一种方式，如案例镜头二的这位音乐老师，她走下讲台，走到学生中，和学生一起表演《小兔乖乖》，老师扮演大灰狼，学生扮演小兔子，伴着音乐，师生一起在轻松、愉快的氛围中学习，其乐融融。在此教学中，教师千方百计地促使课堂成为开放的系统，让课堂成为学生生活的一部分，让活动成为学生参与课堂教学的主要形式，真正体现了学生是学习的主体。而教师则是课堂的主要形式，同时也是课堂的组织者、指导者、参与者。

今天的语文早读课，班干部王静在讲台前维持纪律。看到学生有的在写字，有的在看书，我就拿着《小学语文教学》在教室里边巡视边看书，看到王静的座位空着，我便顺势坐下来，细细地品读起来。

"老师，这个字我写不好，帮我写一个好吗？"陈刚在一旁小声地说。"行啊！"我说着拿起他的写字本。嘿，这是陈刚的笔迹吗？他平时习惯快速书写，字总写得有些潦草，为此我跟他谈过几次，刚谈过的那几天好一些，可过几天又是一副老样子，我曾笑说有些字在他那里被"毁容"了，今天拿起他的写字本，我还真怀疑拿错了，字迹端正潇洒，焕然一新。我帮他书写好后，他又认真地书写起来，那专注的神情久已不见。

我举目四望，今天教室里出奇地静，许多同学在专注地看书，也有不少在认真地练字，尤其是坐在我周围的学生都沉浸在书海中，时不时有同学过来询问书中不理解的词句，还有同学让我帮他们写一个范字……

"老师，你坐到我们中间真好！"安娜是一位活泼可爱的小女孩，总是那么心直口快。"那我以后多坐到你们中间！""坐我边上！""坐我边上！"……看着学生们兴奋的笑脸，此刻我发现我们彼此之间是多么融洽！一次不经意的举动，让我收获喜悦。看来教师有时间应该多走到学生中间去，坐到学生的位子上，和他们一起学习，一起讨论。这样，可以拉近与学生的距离，让学生放松心情，带着轻松愉快的情绪去感受，去学习。老师来到学生中间，既能更好地增进师生之间的沟通、了解，也可以及时解决学生在学习中出现的问题。

走下讲台，坐到学生中间，松开学生的翅膀，静享"流连戏蝶时时舞，自在娇莺恰恰啼"的春光吧！

新课改要求教师做学生的合作者，不再以知识权威和道德权威的角色出现。常言道："亲其师，信其道，乐其学。"教师要乐于走下讲台，不仅是身体要走下来，心灵也要跟下来，全身心地融入学生中，与学生一起交流，与学生一起活动，与学生一起学习。如案例中的这位老师在一次不经意中，走到学生中间，坐到学生的位子上，让学生感到了老师的平易近人，和蔼可亲。学生就乐于把老师当作自己的贴心人，有什么话才愿意与老师讲，有什么问题才会向老师问。所以在教学中，我们要善于角色互换，让学生走上讲台，教师走下讲台，走到学生中间，坐到学生位置上，和他们一起聆听"小老师"的授课，观赏"小演员"的节目，参与到他们的讨论中，与他们一起学习，这样自然能拉近师生间的距离，让学生在轻松、愉快的氛围中学习。

鼓励学生展示自己

要帮助学生树立自信心，教师就必须在教学活动中为学生提供表现的机会，让学生在实践中体验自信；给每个学生表现自己的时间和空间，让学生在自我表现、自我展示中强化自信。

学生是学习的主人，教师是学生学习活动的组织者和引导者，而课堂是学生学习、活动、发展的重要场所。教师在教学中应激发学生的学习兴趣，注重培养学生自主学习的意识和习惯，为学生创设良好的自主学习情境，让每个学生积极主动地参与到学习活动中，点燃学生思维的火花，开启心灵的智慧，体验成功的快乐。使学生在生动和谐的课堂氛围中充分锻炼自己，展示自己，提高自己，为学生创新能力的发展提供一片广阔的天地。

一次，华老师上小数、分数、百分数互化的复习课，要求学生把 0.2 化成百分数，在兰兰同学回答出 20 ％后，华老师让她说说是怎么想的，她说："0.2=2/10，十分之……"还没说完，同学们"嘘"声一片。华老师示意学生别打断她，请她继续说。"0.2=2/10=1/5"。"扑哧"，有的同学禁不住笑出声来。华老师也在想：这说到哪儿去了，可还是耐着性子让她说。"分子分母同乘以 20，等于 20 ％。""哎呀，真了不起。"随着华老师的称赞，同学们鼓起掌来。

华老师接着说："大家看，兰兰同学先运用小数的意义把小数化成分数，再根据分数的基本性质进行约分，接着又一次灵活运用分数的基本性质，将分数巧妙地化成了百分数，这一系列知识她掌握得多么清晰，并且能运用自如，太棒了，华老师都没有想到这么好的复习小数、分数与百分数互化的方法，华老师要向她学习。"教室里响起了更热烈的掌声……整节课学生情绪激扬，学习效果非常好。

案例中的华老师是一个学习活动的组织者、引导者和聆听者。通过兰兰同学对这个问题的回答，复习了小数、分数、百分数的互化。在兰兰同学的回答中，华老师适时的指导，耐心的聆听，鼓励表扬学生，如兰兰同学开始的回答与他心中的解题思路和一般解题思路不同时，华老师一边控制其他同学的议论，一边鼓励兰兰同学继续往下说，这充分体现了学生的主体性，教师的引导作用，兰兰同学在华老师的鼓励下，说出了她独特的课题思路，对学生的独创想法，华老师抓住时机对小数、分数、百分数之间的关系进行梳理，并对兰兰同学加以称赞，带动课堂气氛，激发学生的学习兴趣。

"哎呀，真了不起""太棒了""华老师应该向她学习"等，这些充满智慧和人情味的评价，这些看似平常而又不平常的话语，是学生心中的阳光，是课堂的生命，极大地激发了学生们的兴趣和主动参与的积极性，为学生的发展提供了时间和空间，不断地激励学生走向成功。现代心理学表明，当学生的某种良好的行为出现之后，如能及时得到相应的认可，就会产生某种心理满足感，形成愉悦的心境，并向更高层次做出积极努力。

在课堂上，教师尊重学生丰富多彩的个性差异，为学生提供展示自己的舞台，创造民主、活泼、兴趣盎然的教学气氛，使学生"乐学""善学"，让每一个学生的个性得以张扬、体现、发展。

洪老师所任教的《匆匆》一课，正是最好的体现。她特别注意引导学生在读中体味语言的美，在读中品味字里行间流露的感情的同时，感悟到"我们的日子为什么一去不复返呢？"以此引起学生和作者产生共鸣。他们正沉浸于那无奈、惋惜、留恋时，洪老师巧妙地把话锋一转："是啊，时间匆匆而逝，此时此刻，如果你是朗诵家，如果你是画家，如果你是诗人，如果你是教育家，如果你是书法家，你想说些、做些什么呢？"洪老师这一创造性的诱导，把这一节课推向高潮。学生在分组讨论合作活动中，全班学生人人参与，热情高涨，在动手、思维过程中探究、创新。这种教学不受常规束缚，不受已有知识限制、干扰，从不同角度进行思考，让学生的思维迸发出创造的火花。"朗诵家"不管是个人朗读还是小组合作，不管是引读或是分角色朗读，还是齐读，他们个个绘声绘色、声情并茂。"诗人"也不甘示弱，有的在自己的本子上写一首小诗、有的几个人合作、有的甚至跑到前面把诗写在黑板上"冬去春来又一季，我们要把时间惜。岁月流逝无可议，老年有成不叹息。"这是苏洁这一组的佳作。"日出日落，花开花谢。时光飞逝，时不待我。惜时好学，必有所为。"这又是任芳、玉琳、刘瑶合写的诗。"教育家"更是跃跃欲试，马瑞、陈琳这一组高声朗诵："珍惜时间就是珍惜生命，浪费时间就是浪费生命。""时间在你手中，只要你去把握。"这

57

句名言竟出于一个学困生之口。听课的老师为他喝彩叫绝。"时间像流星一闪而过。""要想成才，分秒必争。""珍惜时间就是为自己的未来打造基础。""幼年不知惜时光，老年涕泪满衣裳。"林彬、陆超等"教育家"娓娓道来。"画家"五彩缤纷的画面更令人耳目一新：有柳树发芽，垂柳正在水平如镜的河面上梳理秀发；有正从"无穷碧"的荷叶中冒出的"别样红"的荷花；有纷纷扬扬的落叶；有落光了叶子，挂着蓬松松、沉甸甸雪球的柏树。更令人惊叹的是许凯松、郑光磊等人合作的一幅长长的画卷展示在黑板上：冰雪融化的小河，从远方飞回来的小燕子，开得正艳的桃花，五颜六色的花儿像赶集似的，为春天增添了无限的生趣，这真是一幅生机勃勃的春景图。"书法家"郭春兰、陈小芳、高洋等写在纸上的字是那样潇洒清秀、刚劲有力、美不胜收。听课的老师还在学生个性张扬的舞台上流连忘返，然而下课铃声响了。

学生大胆想象、用心倾诉、真情流露，这短短的几十分钟，既是学生心灵的独白，又是他们个性的张扬，这种课堂，正是展示学生个性的舞台。

案例中，教师为学生的自主写作提供了有利的条件和广阔的空间，通过"你想说些、做些什么呢？"这个有深度而又富有挑战性的问题，调动学生的学习兴趣，激发学生的想象，学生通过扮演不同的角色，自主选题，自由表达，如"朗诵家"绘声绘色，声情并茂的朗诵，"诗人"对人生的感叹，"教育家"富有哲理的时间论，"画家"五彩缤纷的画卷，"书法家"潇洒清秀、刚劲有力、美不胜收的字，这些都培养了他们的组织能力和思维能力，体现了以学生为主体的教学目标。

教师在其中穿针引线，随机点拨，使课内展示表演活动"活"而"不乱"。如小组合作，全班展示，一环套一环，有序展开；又如语言描绘，绘画和毛笔字展示，一波接一波，动中有静，静中显动，让学生在轻松愉悦的课堂里表现自我，同时又提高了语言文字表达的水平。总之，只有在开放性的课堂中，才能最大限度地调动学生热情，才能使学生的个性得以张扬、体现、发展。

第四章

课堂教学管理概述

课堂教学管理的内涵、类型与意义

　　课堂教学管理有其特定的内涵，从不同的角度可分为多种类型，每种类型都有自身的特点。成功的教学需要良好的课堂教学管理，课堂教学管理是教学取得成功的必要条件。

一、课堂教学管理的内涵

　　"课堂教学"是一种有组织的教学形式，是师生之间的一种特殊的交往活动。"课堂教学管理"是对这一特殊交往活动的组织、协调、保障和促进的一系列活动。课堂教学管理是指教师为了保证课堂教学秩序和效益，协调课堂中人与事、时间和空间等各种因素及其关系的过程。简言之，就是保障和促进课堂教学有效实施的一切活动。

　　有关研究将课堂教学管理分为宏观、中观和微观三个层面。在宏观层面主要是指以国家教学管理部门为主体对课堂教学的宏观把握、规范与导向，制定相应的课堂教学管理制度，如对教师课堂教学用语、禁语和奖惩权力的规定，对从事课堂教学的教师做出明确的知识、能力和品行等结构性要求，从事课堂教学的教师职业资格审定与颁发，为教师自身发展提供政策和环境的支持，为课堂教学目标达成及其质量做出相应要求和规定，以及在整个社会环境中引导和融入尊师、重教和爱生的风气等一系列的宏观性课堂教学管理活动。中观层面的课堂教学管理是指在学校教学管理部门、各级地方教育行政部门，结合当地实际、学校现状对本校、本地区教学制定和实施相应的管理方案。例如，根据本地、本校教学进度，教学目标要求，为师生制定一些大致的教学规则，形成统一的课堂纪律模式，评估和监控课堂教学质量。管理主体主要是学校和地方一级的教学管理部门，如教研室、教务处等对教师课堂教学的协调与组织，提供建设性意见。微观的课堂教学管理是指在课堂中针对师生共同面对的具体的一堂教学课，对课堂环境的建构、课堂气氛的营造、课堂具体问题的解决、课堂教学目标的顺利完成与检验等各方面的协调与组织，其主要特点是教师和学生作为课堂教学的管理主体直接参与，并主要通过师生互动合作实现具有情境性的管理。

课堂教学管理概念中含有以下几个重要的因素：一是课堂教学管理目标。课堂教学管理的目标主要是保证课堂教学的顺利进行，促进学生知识、技能和人格的全面发展，即课堂的终极目标是教育目的或教学目标，而直接的目标是课堂秩序的维护和促进。二是影响课堂教学秩序的因素。影响课堂教学秩序的因素应包括教师因素、学生因素和环境因素。调控好了这些因素及其关系，教学活动的顺利开展、教学质量的提高、教学目标的达成就有了根本保障。三是课堂教学管理的理念不仅是教师对学生行为的控制，还是对学生行为的一种促进，对学生行为的激励和鼓励，最终使学生能由他律转向自律，促进学生健康成长。

课堂教学管理就是师生对在课堂这一场所中包含了诸多具体的教学因素及各相关因素所形成的各种关系进行协调、控制、整合和优化，使之能形成有序的整体，达到更好的教学价值与效果的过程。首先，从课堂教学管理的内容上来看，课堂教学管理可分为教学进度管理、课堂纪律管理和课堂文化心理建构三方面。教学进度管理主要体现在教师教学空间、时间、节奏和教学激情度等方面的管理，包括教师把握学生差异性，实施因材施教、教学反馈、教学诊断等方面；课堂纪律管理主要指对课堂出现的常规性和偶发性问题的合理解决，保障教学进度，营造教学气氛等；课堂文化心理建构的管理主要是为前两者服务，通过形成良好的课堂教学传统和课堂教学文化对学生进行正向熏陶。

课堂教学管理主要包括课堂教学中对教的管理和对学生学的管理。对教师教的管理，包括对教师角色规定、教师教态、教学技巧和教学效果的要求和引导，对教师在课堂中的教学行为表现做出适当的规定；对学生学的管理需要根据学生个体特点、学科要求和课堂环境因素，对教学过程进行有效的组织、协调、决策和优化，建立必要的课堂常规，并对偶发的课堂问题行为进行必要的控制，合理地安排课堂教学时间与空间，使得参与课堂教学的个体能在课堂教学中促进知识的传授、情感的体验和价值观的形成。

课堂教学管理对教学活动的效果产生着十分显著的影响。有了良好的课堂教学管理，教学才能得以顺利进行，教师的教学积极性才能得到提高，学生的学习积极性也能得到相应的激发和提高。不少研究者对此进行了比较深入系统的研究。有研究者把课堂教学管理理解为教室管理，也就是处理课堂教学环境中的人、事、物等因素之间关系的活动，这种观点更体现出一种对教学环境的控制与管理。也有人把课堂教学管理看成一种过程，是教师通过协调课堂内的各种教学因素，从而有效实现预定教学目标的过程。还有人认为课堂管理是一种技术和艺术，是教师管理教学情境，掌握指导学生学习行为，艺术地组织教学过程的活动。在国外，课堂教学管理主要源自课堂管理的概念。约翰逊等人指出，"课堂管理是建立和维持课堂群体，以达成教育目标的历程"；古德提出，"课堂管理是为了实现教育目标而处理或指导课堂活动所涉及的问题，如课堂纪律、民主方式、教学质量、环境布置及学生社会关系等"；埃默认为，"课堂管理是指一套旨在促使学生合作和参与课堂活动的教师行为与活动，其范围包括物理环境的创设、课堂秩序的建立和维持、学生问题行为的处理、学生责任感的培养和学习的指导"；莱蒙齐主张，"课堂管理是一种提供能够挖掘学生潜在能力和促进学生学习进步的良好课堂生活，使其发挥最大效能的活动"；薛夫雷兹认为，"课堂管理是教师运用组织和程序，把课堂建设成为一个有效学习环境的一种先期活动和策略"。这些定义大多从课堂教学管理的对象角度，分析了课堂教学管理的内容层面，规定了课堂教学所必需的"纪律、秩序维持，行为控制，环境建设，提高教学效率"等方面。

综上所述，课堂教学管理是师生共同参与，彼此交往，有计划、多维度地协调课堂内外各种因素，生成性地实现教学目标的活动。在课堂教学管理过程中，通过师生共同努力综合组织调动多方面教学力量，发掘、利用和协调课堂中各种教学资源，为教学提供有益的课堂环境，形成和谐的课堂氛围，顺利开展课堂教学，并全面实现课堂教学价值。

二、课堂教学管理的类型

长期以来，人们进行了多种多样的课堂教学管理的实践，总结了丰富多样的课堂管理经验。下面列举一些比较典型的课堂教学管理类型。

（一）权威型管理

教师的管理乃是控制学生在教室里的行为。教师在教室中建立一种规矩，使每个学生遵守，这种管理模式强调规则的权威性。在这种管理模式下，整个课堂完全是由教师负责的，教师负有控制学生课堂行为的全部责任，而教师控制学生行为通常是通过建立和强化课堂规则和有关规定来实现的。因此，课堂教学管理过程被视为教师对学生课堂行为的控制过程，强调教师对于运用控制策略建立和维持课堂秩序的重要作用，而且较多地采用主控的方式来控制学生，规则倾向于周密而严谨，约束多，弹性少。权威型课堂管理强调规则、指令与要求，注重惩罚和控制。

（二）恐吓型管理

恐吓型管理模式与权威型管理模式有些相似，也是强调如何控制学生在学习过程中的一些行为举止。与权威型管理模式不同的是，教师采用的是恐吓手段，如讽刺、嘲弄、强制、威胁、不赞成、不同意。教师强迫学生在恐惧的心态下服从课堂规范，否则便要受到惩罚。在教师的批评下，学生的内心受到压制，并不明白自己为什么错了，会产生逆反心理。在以后的课堂中，学生仍会有影响课堂教学的错误行为。

（三）放任型管理

采用放任型管理模式的教师工作责任心较差，在课堂上表现为只顾讲课、不顾效果、放任自流，对于学生在学习过程中出现的问题漠不关心，也没有积极的课堂管理要求。学生表面上自由自在，实际上求知需要得不到满足，往往产生对教师的不尊重的后果。在放任管理的课堂上，学生的学习动机与学习热情低，教学效果差。

（四）独断型管理

采用独断型管理模式的教师对学生的课堂表现要求严厉，但这种要求往往只根据教师个人的主观好恶确定，忽视学生的具体实际和教学目标的具体要求。在独断型管理的课堂上，学生的意见得不到充分表达，且学生往往有一种紧张感、压抑感，容易导致课堂管理有形式主义倾向，使教学效果降低。

（五）民主型管理

采用民主型管理模式的教师在课堂教学管理活动中，积极、认真、宽严适度，善于通过恰当的启发与指导，保证课堂教学管理的有效性。在确定课堂教学管理的具体措施时，都会考虑班级的具体情况，学生对这样的教师既亲又敬。在民主型管理的课堂上，学生学得主动愉快，课堂教学效率高。

（六）情感型管理

教师对学生充满爱的情感，可达到不管而管的效果。教师一走进课堂，目光中就流露着从内心流溢出的对学生的喜爱，教学时的语言和表情是那么亲切，并善于发现学生的优点和进步，常常从内心发出对学生的赞扬，学生的积极性不断受到激发。也许会有个别学生不知不觉地搞起小动作，教师只是微微地"嗯"一声，当这位学生注意到教师后，教师还是带着那种充满爱的微笑，向那位学生示意一下，这位学生就会马上专心上课。情感型课堂教学管理的显著特征是，师生之间自始至终洋溢着喜悦的笑容。在这样的课堂中，谁还会有意去违反纪律呢？教师对学生、学生对教师都具有浓厚的感情，不仅促进了课堂教学管理，而且对教育教学具有强烈的推动力，能够激发学生的学习热情，并有利于培养学生的思想品质和道德情操。

（七）理智型管理

运用理智型管理方式的教师在教学活动中，教学目标非常明确具体，对每一教学过程都安排得科学、严谨、有条不紊，并能采用合适的教学方法，什么时候讲述、什么时候板书、什么时候让学生自己思考、什么时候练习等都安排得非常妥帖，一环紧扣一环。同时，善于根据学生在学习过程中的各种反馈（表情、态度、问答、练习等）调整教学内容的难易程度，并掌握好教学进程。总之，这种管理体现出教师在教学活动中高超的技巧，以及教学活动的科学性。学生的学习活动完全在教师的把控之中，学生认真专注地紧跟教师的思路学习并敬佩自己的老师，课堂气氛较为庄重、严肃。

（八）行为型管理

行为型管理基于行为心理学原则，认为无论是良好行为还是不良行为，都是通过学习获得的。学生之所以有不良行为，要么是因为他已经习得了不良行为，要么是因为他尚未习得正常行为。这一模式坚持两个主要的假设，即学生受行为过程的制约，学习在很大程度上受环境的影响。因此，教师的主要任务在于掌握和运用行为主义原则对学生的课堂行为正确实施积极强化和消极强化，鼓励、发展期望行为，削弱、消退非期望行为。行为型课堂管理强调榜样力量、行为强化和心理辅导。

（九）兴趣型管理

兴趣型管理是指教师善于运用高超的艺术化教学，以激发学生兴趣并通过美感陶冶来进行课堂教学管理。高超的艺术化教学表现在教师用形象的语言、从容的教态、精美的板书和多变的教学节奏，根据学生的兴趣和爱好，鲜明、生动、有趣地表述教学内容，并能从审美角度对教学进行处理，使之具有美感，学生能在课堂中得到美的享受。当教师开始上课时，往往采用新颖别致而富有吸引力的"导语""故事""例子"等来开展教学，从一开始就让学生觉得有趣，从而吸引学生的注意力。在其后的教学过程中，不仅表现在教学方法的灵活多变，而且表现在富有启发性、趣味性、节奏感的教学语言，从而有效集中学生的注意力，达到课堂教学管理的目的。

（十）教导型管理

教导型管理认为，认真设计和实施的教学可以预防和解决大多数课堂行为问题，有效的行为管理是高质量教学的必然结果。因此，教师的作用在于认真设计教学，使教学变得有趣，也就是要让教学适宜学生的能力与需要，为每一个学生提供获得成功的恰当机会，激发学生的兴趣与动机。教导型课堂管理注重课程教学设计和学生能力兴趣，注重课堂环境和教师明确而积极的指导。

（十一）关系型管理

关系型管理侧重于健康的课堂心理气氛，认为有了健康的课堂气氛，学生的学习行为便会自动产生，也就不会产生问题行为。而健康的课堂心理气氛主要靠良好的师生关系和学生同伴关系来建立。因此，建立良好的、积极的师生关系和学生之间的关系，形成建设性的课堂气氛，便成为教师的中心任务，也是人际关系型课堂管理的主要内容。关系型课堂管理强调真实、民主、交流和理解。

（十二）群体型管理

群体型管理是一种建立在社会心理学和群体动力学原则基础上的课堂管理模式。它基于这样的认识：学校教育产生于特殊的群体环境——课堂群体，教师的主要任务是建立和维持有效的、积极的群体。课堂群体也是一种社会系统，具有所有社会系统共同的特征，有效的、积极的课堂群体决定于与这些特征相一致的特定条件，教师在课堂管理中的任务就在于建立和维持这些条件。群体型课堂管理强调人际期望、领导行为、真诚接纳和课堂内聚。

三、课堂教学管理的意义

良好的课堂教学管理是保证课堂教学活动顺利进行的动力。课堂教学管理的意义可以归纳为以下几个方面：

（一）课堂教学管理是提高教学质量的重要保证

课堂既是学生学习和活动的场所，也是学生人格社会化发展和成长的主阵地。为了使各种课堂教学活动有计划、有效率地开展，课堂就必须维持一定的秩序与常规。但课堂活动过程中经常会出现新的问题，产生各种冲突与矛盾，各种偶发的干扰事件，使课堂教学活动的正常进行受到干扰。因此，及时预见并排除各种干扰课堂教学活动的不利因素，有效维持正常的课堂活动秩序，对于课堂教学活动的进行具有重要意义。大凡有经验的教师无不十分重视课堂教学管理，有效的课堂教学管理也是有效教学的保证，它可以为教师的教和学生的学创造一个良好的氛围与环境，使师生关系和谐，教学活动得以顺利开展，从而确保教学任务的完成和教学质量的提高。

（二）有利于减少或清除学生的课堂问题行为

学生的课堂问题行为可以分为外向性问题行为和内向性问题行为。外向性问题行为是直接干扰课堂正常教学活动的攻击行为，这些行为是容易被察觉的，主要包括相互争吵、挑衅推撞等对抗性行为；交头接耳、高声喧哗等扰乱秩序行为；出怪声、做怪相以引人注意的行为；语言粗俗、顶撞其他同学及教师的盲目逆反行为；迟到、早退、随意离开课堂、随意走动等抗拒行为。内向性问题行为是不容易被察觉，对课堂教学活动正常进行不构成直接威胁的退缩性行为。主要表现在课堂上心不在焉、胡思乱想、发呆等注意力涣散的行为；害怕提问、抑郁孤僻等厌恶行为；神经过敏、烦躁不安、频繁活动、胡乱涂画等不负责任行为。外向性课堂行为直接威胁课堂纪律，干扰课堂秩序；内向性问题行为虽不直接威胁课堂纪律，不直接影响他人学习，但对教学效果和学生学习质量的影响很大，对学生个人的发展也有较大的影响。课堂教学管理就在于促进学生产生有助于学习的行为，减少或消除学生的课堂问题行为，使教师能顺利教学，学生能专心学习，以达到教学的目的。

（三）有助于促进课堂教学的持续性生长

课堂教学活动的最终目的是促进师生共同发展。在今天看来，"教学相长"的含义就是教师与学生的相互影响和相互作用会促进彼此的进步。二者的进步当然离不开良好的课堂教学环境，只有课堂生长，课堂中的人才能生长。课堂的生长是课堂中人的生长的前提，课堂的生长又为人的生长创造了条件。促进课堂的生长是课堂教学管理的指向性功能，也是课堂教学管理的基本目标。课堂教学管理就是要调动各种可能的因素，发掘课堂的活力，发挥其生长功能。如果失去了这一生长功能，课堂气氛就会变得单调，课堂缺乏应有的活力，就谈不上促进人的发展。

课堂教学管理的特点

在课堂教学管理的过程中，教师是以管理者的身份参与课堂，要创造各种条件以使学生对学习与实践感兴趣，然后要提供各种组织、策略与活动来激励学生进行有效的学习与实践。有效率的教师必须是有效率的管理者，必须了解课堂教学管理的特点。

一、教育性

课堂教学管理是一项管理活动，也是一项教育活动。其教育性主要包括以下两个方面的含义：第一，管理内容要有积极的教育意义。教师进行课堂教学管理，在使学生获取科学文化知识的同时，还要帮助学生树立正确的人生观和世界观，提高学生分辨是非的能力，促进学生的全面发展；第二，管理行为本身还应发挥其教育作用。课堂是培养人的场所，是学生学习、生活的基地，学生在校时间的 80％ 是在课堂中度过的，课堂是学生获取知识的主要途径，而教师又是课堂活动的组织者和领导者，在教学过程中起主导作用，因此课堂中教帅的一举一动、一言一行都应当对学生产生较强的影响力。俗话说，"教学无小事，处处关育人。"在课堂教学管理中，教师要热爱学生，以身作则，为人师表，以模范行为感染学生、影响学生、教育学生。

二、及时性

课堂教学管理注重及时处理课堂中的各种事件。课堂教学是一种有组织、有领导的师生共同进行的教与学的双边活动。在教学活动中，有时难免会遇到一些问题或干扰。例如，有的学生精神不振、打瞌睡、开小差；有的学生上课玩游戏、发短信；有的学生做怪相、哗众取宠等。这些情况如果不及时处理，必将使课堂秩序混乱，甚至还会导致整个班级学习纪律涣散，这就需要教师给予及时的处理。处理的原则是不干扰或中断教学活动的正常进行，既针对个别学生，又能顾及其他学生。课堂中偶发事件的出现，要求教师及时做出迅速、果断、准确的反应，以最少的时间取得最佳的管理效果。

三、协作性

课堂是一个由教师、学生、环境组成的小型社会，不应该由教师独自主宰，而应该让教师和学生共同参与、共同建构。传统的课堂教学管理常常是教师单方面地采用管、卡、压等办法来控制学生的问题行为，结果学生的问题行为越来越多、越来越严重。现代课堂教学管理理论认为学生不仅是学习的主体，而且是课堂自我管理的主体，在课堂教学管理中，正确引导学生积极、主动地参与管理，能得到事半功倍的效果。因此，有效的课堂教学管理强调师生的共同参与、共同构建。

四、规范性

规范性是课堂教学管理的一个基本特点。真正有效的课堂教学管理，必然要求教师立足于长远的行为目标，让学生在不同的课堂情境，面对不同的教师，能持续地表现出他们的适当行为。要做到这一点，除了需要对课堂环境进行构建和处理好师生关系，还需要形成相应的课堂行为规范。良好的规范可以对学生的行为产生积极的影响，可以使学生在内化规范的同时认可规范，最终实现自我控制、自我调整和自我管理。

五、系统性

课堂是教师和学生的行为构成的协作系统，这个系统是由组织系统、物质系统、人的系统和社会系统构成的一个整体。物质系统是指自然环境、设备设施和材料等物质手段，它通过组织系统的有效管理而有效地运转，为课堂教学目标的实现提供物质基础。人的系统是教师和学生组成的集体，它通过组织系统的组织与管理为组织目标的实现发挥作用。社会系统是指课堂系统和其他系统相互作用与影响的系统，它对课堂协作系统目标的实现具有制约作用。物质系统、人的系统和社会系统通过组织系统的作用而被组织所管理。由于组织系统的作用渗透于各个系统中，课堂协作本身也被赋予了组织的意义。

既然把课堂视为一种协作系统，那么它就必然包含三个基本要素。一是协作的意愿。课堂协作系统由众多具有社会和心理需求的个人所组成。他们在进入课堂之前是自由的，其行为无须受课堂行为规范的约束，但在进入课堂并成为协作系统的一员时，就必须按照协作系统的规范要求来行动。二是共同目标。这是协作意愿的必要前提，如果没有共同目标，学生不知道应做怎样的努力，也不知道协作的结果会给他们带来什么满足，就难以产生协作的意愿。共同目标与个人目标常常发生冲突，个人之所以愿意为共同目标而努力，是因为他期望在实现共同目标的过程中能使他的目标得到满足。学生对共同目标的理解也常常出现分歧，他可以脱离个人立场，站在整体利益的角度客观地理解共同目标，也可以站在个人立场主观地理解共同目标，这两种理解经常发生矛盾。共同目标随着课堂组织系统的发展和环境的变化而改变，协调个人目标与共同目标便成为管理的一个重要任务。三是信息沟通。这是课堂得以发展的基本因素。个人协作意愿和共同目标只有通过信息沟通才能联系和统一起来，信息沟通是实现共同目标的基础。信息沟通涉及课堂的每个成员，他们都是信息的发送者，也是信息的接受者，而不仅仅是教师发出信息，学生接受信息。

六、自组织性

课堂有自己的运行轨迹，既随着特定的环境和条件而产生，又随着环境和条件的改变而变化。它处于不断的更新状态，并在持续变化的过程中形成相对稳定的课堂文化，从而产生具有特定目标与定位的自组织的实体。

课堂情境中形成的课堂文化对于维持课堂教学活动是十分重要的。群体内聚力形成的这种文化力量会使得课堂中的一些矛盾和问题自动化解。学生在不同的课堂情境下，面对不同的教师，能持续地表现出他们的适当行为，把适当行为内化为他们的一种自觉行为，最终将实现学生的自我控制、自我调整和自我管理。

七、整体性

影响课堂教学管理的因素是多种多样的，主要包括人的因素和环境的因素。人的因素包括学生的文化与经历，学生的人格特质、学习态度、身心状况，教师的人格特征、教学态度，家长、学校领导及社会相关人士的态度、认同、鼓励等，这些都会对教师的课堂教学管理产生影响。环境因素主要包括物理因素、社会因素和教育因素。物理因素主要有活动的空间、座位的安排、资源的分配、光线的强弱、噪音的大小等；社会因素主要有班级大小、学生来源、课堂规范、师生行为等；教育因素主要有活动的类型、活动内容的难度、活动的方法等，这些因素与教师的课堂管理直接相关。课堂教学管理受到众多因素的影响，也是复杂而多变的。教师必须考虑所有因素，并把这些因素置于整体框架中进行综合考虑，才能真正把握课堂教学管理的特性，收到课堂教学管理的真正效果。

课堂教学管理的理论基础

课堂教学管理虽然是一个实践问题，但却有着深厚的理论基础。如果能依据相关的心理学、社会学、哲学、生态学理论进行管理，那么会使管理行为更为合理、有效。

一、课堂教学管理的心理学基础

自冯特建立第一个心理实验室以来，心理学的发展为教育教学的科学化发展产生了积极的推动作用。在课堂教学管理环节中也不例外，许多人从组织行为学或管理心理学的角度探讨了课堂教学管理问题。把心理学作为课堂教学管理的理论基础，我们将更加关注课堂环境中师生心理现象及其规律，更加注意如何正确归因课堂行为并作出合理的解释。心理学的研究为课堂教学管理确立了一种新的研究思路。心理学家桑代克在《教育心理学》中确立了一种客观的研究精神，将课堂现象解释为刺激—反应的联结，以行为主义为代表的心理学对人的行为的关注，这一理论研究范式的确立及其在课堂管理中的应用，使课堂管理在科学化的轨道上逐渐深入，并在以后的几十年中占据主导地位，成为课堂管理研究的主要理论来源。在 20 世纪 60 年代，由于认知心理学和人本主义心理学在教育理论及教育改革中优势地位的获得，课堂教学管理理论产生了一种新的范式的转换，如认知心理学强调从对人的认知分析入手，试图让学生了解课堂教学管理的一般规范，理解教师课堂教学管理行为的原因与方法，使学生形成自觉的课堂行为，并由认知逐渐形成积极的师生关系，维持与促进课堂秩序，如向学生说明行为的目标，使学生明确其行为与结果之间的逻辑联系，进而产生教师所期望的行为。而人本主义心理学则从对学生的需要、潜能的分析入手，对人的行为产生的原因和发生机制进行研究，进而将这种研究运用于课堂，如格拉舍的现实疗法就强调将课堂建设成一种积极的、富有启迪的教育环境，教师应向学生提供最好的机会去发掘归属感、成就感和积极的自我认同感。心理学的研究范式与研究思路也为课堂管理提供了方法论指导，使课堂管理有了自己的基本理论和研究范式。既然心理学是课堂教学管理的主要理论依据之一，课堂教学过程中的心理过程、心理特征及课堂中特有的心理结构就必然进入课堂管理首要的研究范畴。教学活动包括人的智力因素和情感、意志、行为、个性倾向性（需要、动机、兴趣、理想等）和个性特点（性格、气质等）等非智力因素的参与，忽视非智力因素或者忽视智力因素都是片面的，都将影响课堂教学管理的操作，甚至严重影响课堂教学质量。就学生而言，课堂教学是对其进行知识传授，形成一定的情感、态度和价值观的最主要的活动。因而在课堂教学管理中，教师需要同时注意学生的智力因素与非智力因素，使学生从思想品质、学习热情、学习态度和学习风格等多方面形成完满人格。就教师而言，其所掌握的专业知识、能力结构是课堂教学顺利开展的必要条件，然而心理学研究表明知识、智力因素超过一定的水平后就不再起显著作用，而其他非智力因素则开始对教学效果起着决定性作用，学生对教师的信任和教师自身的威信更多的源于非智力因素。心理学对非智力因素的分类一般包括：情感发展水平，如倾向性、深刻性、表达性、自控性等；意志发展水平，如独立性、自觉性、自制力、持久性等；个性倾向性，如需要、动机、价值观、兴趣、理想等；个性特征，如性格、气质、习惯等。就家长而言，其对子女的抚养方式和自身的个性心理特征对学生在课堂中的表现都会产生影响，家长属于校外群体，家长的帮助在课堂教学管理中能起到辅助性的作用。在课堂教学管理的过程中，最重要的一环是师生彼此的对话与交往，并通过交往达成师生互动。有研究者认为，师生在教育过程中的交往结构是相互影响、信息流、相互认识三个主要侧面和个性、角色、群体三个主要层面构成的"三侧面三层面的三棱柱体"的心理交往模型。课堂教学管理的实质就是在这各个层面上展开的师生交往，是为实现这些交往而建构创造的条件以促成这种教学交往。

二、课堂教学管理的社会学基础

从社会角度看，课堂是一种特殊的社会系统，是一个微型社会，是社会大系统中具有特殊功能的一个小系统。在这个系统中，教师、学生和环境之间不断发生作用，常常也会产生生不可回避的矛盾和冲突。社会学的原理与研究对于课堂教学管理的启示是很有借鉴价值的。因为课堂亦是一个微型社会，教师与学生在其间彼此共生与互动。这一互动不仅促成了多种多样的课堂景观，而且使课堂呈现出复杂的社会特征。

（一）功能主义理论

功能主义特别强调社会结构中的每一部分对于社会整体生存所发挥的作用，认为社会的组成及其生存方式同生物体非常类似。此外，功能主义认为，每一个社会都有共同的文化，这是一种社会成员共享的价值或伦理准则。只有当社会成员之间具有共同的认识、共同的态度和共同的价值观，才能减少社会的冲突，社会才能维持其稳定和谐。对于教育而言，就是要使个体社会化，培养人们具有共同的信念、共同的态度和统一的价值标准，使社会的共同价值内化于个体之中，促使社会成员对不断变化的社会在思想、态度方面能保持和谐一致。

功能主义对于课堂管理的启示在于：首先，教师在课堂管理中要注重课堂中的文化建设，建构共同的信念与价值系统，使课堂成为一个和谐的共同体。为此，教师要有意识地在学生中培植理想与努力方向，建立起明确的目标和共享的价值体系，并对学生如何获取这些价值体系给予足够的关注，对价值系统做持续不断的研究。教师还要善于在宏观背景下组织学生行动，并注重开拓行动过程中畅通的交流渠道。通过交流让师生分享活动过程中的经验，不仅能够传达课堂中发生的事情，还有助于认识各自的角色及其关系，最终形成团体的意义，课堂中的所有成员形成共同的认识与信念。有了这一和谐的共同体，就能减少或避免课堂中的冲突与混乱，形成课堂中的内聚，促进课堂教学的顺利进行。其次，课堂亦是一种微型社会系统，包含着物理的、认识的、社会的、情感的等多种因素，这些因素都处于整个系统内复杂相连的各个环节中，任何一种因素的变化都将对整个系统产生影响。同时，其功能的发挥取决于这一系统结构的整体优化。因此，教师在课堂教学管理的过程中，就要对课堂教学环境进行积极的改造，对各种因素加以调适和整合，使课堂中各种因素结合成一个统一整体，并达成协调一致，从而适应课堂系统的整体而达到平衡。

（二）冲突理论

冲突理论兴起于 20 世纪 60 年代，它不像功能主义那样坚持现状、强调和谐的观点，而是把研究重点放在冲突斗争的社会历程及社会的不和谐、不平衡状态。

冲突理论认为，每一社会的每一方面都在变化，社会变化是普遍存在的。社会在变化过程中，每时每刻都会出现分歧和冲突，社会冲突亦是普遍存在的。冲突是社会生活中一种自然的和不可避免的现象，冲突并不是统一和秩序的对立面，即使在高度凝聚的社会关系中也存在着潜在的紧张和间发性的冲突，冲突和统一都是正常的形式，是互动形式的不同方面。正是社会结构中大量的矛盾和冲突，才导致社会结构的不断变迁。冲突理论还注意到了社会关系中的强制性，认为秩序产生于一部分人对另一部分人的统治和支配，是强者对弱者、富者对穷者施以暴力或强制的结果，而不是他们之间的自然合作。华勒甚至把学校描绘成一种强制性的机构，认为教育就是一种驯服，教师高居于学生之上，由成人社会授予权威，而学生只能顺从权威，接受领导。师生关系是一种制度化的"支配与从属""统治与被统治"的关系，他们之间经常有一种希望与欲求的冲突，即教师希望把学生当做一种材料来塑造。按照自己的意愿来培养学生；学生则欲求依照自己的方式自动地求知。因此，教师为了维持纪律以增进学习效率，就要采取适当的控制方法，如命令、训斥、惩罚、监督等对学生严加管教。正是这种强制关系，才使课堂中的秩序得以平衡。

（三）符号互动理论

符号互动理论是 20 世纪 70 年代后兴起的一种注重对具体情况进行解释性分析的社会学理论。它强调对现实本身的剖析，并重视探讨日常现实的过程和存在于这一过程中的主观目的性与交互作用。这一理论认为人既是行动者，又是反应者，人对外界环境作出反应，不只是物理性的，更多的是通过语言、手势、表情等这些表达思想的符号做出反应的。人总是生活在一个象征符号相交往的世界中，对于学校或者课堂而言，它们也都是由一个表达一定的社会意义的各种符号所组成的符号环境，学校生活或课堂生活的过程实际上是教师与学生之间以符号为媒介的社会互动过程。在这一过程中，学生了解和解释周围的环境，从而发展自我。

三、课堂教学管理的哲学基础

（一）存在主义哲学

存在主义强调世界万物的存在只有一个基础，那就是人的存在。先有了人的存在，然后才有了对外界事物的说明和解释。人的本质不是预先给定的，而是偶然的，是人通过自己选择而创造的。也就是说，人首先存在着，然后通过自由地选择去决定自己的本质。每一个人都在他独特的存在与"有"中自我设计、自我创造，自己规定着自我。对于教育而言，人是教育的主体，教育者应该为学生创设一种生存环境，激发学生的生存意识，帮助学生认识"人的存在"，真正领会生活的价值，投入到有意义的生活中去，并实现"自我完成"。

存在主义在强调"个人的自由选择"，同时认为这种自由只是个人的自由选择，即个人对自己所做的一切负责。因为人的存在是由他的行动构成的，人的本质取决于他的行动的意志的独特性。每一个人都有充分的行动和意志的自由，但每一个人都必须对自己的行动承担责任。对于教育而言，教育者应该允许学生"自由选择"，同时也要让学生承受自己行动的后果。教育的任务并不是要学生去接受一些永恒的法则，而是使学生学习有利于认识自我和发展自我的原则，并使他们在自我发展中学会对自己的选择负责。

此外，存在主义在人与人的关系问题上，强调"我与你"主体对主体的关系。对于教育而言，其应该把学生当做一个独立自主和自由发展的人而不是物来看待，应该与学生进行主体与主体间的"对话"，通过"对话"把知识"提供"给学生而非传授给学生。教师还必须通过自己真诚和负责的态度激励学生，建立民主平等和互相尊重的师生关系。

存在主义对于课堂管理的启示在于：首先，教师应为学生创设一种让学生"自我完成"的课堂环境，更多地赋予学生富有弹性与变化的空间，提供学生建构课堂生活意义的自由，而不应事先对课堂及其意义给予虚构或自行设定。其次，教师要为学生的自由选择提供机会和条件，鼓励学生思考，允许学生尽可能地自我表现和自我选择。教师还要培养学生的责任意识和负责的态度，引导学生对自己的选择及行为负责。最后，教师要破除"个人专制"，创造一种民主和谐的课堂气氛，以一种创造者和激励者的角色进行"生产性"而非"复制性"的课堂管理，使课堂成为对话或交流的互动场所，而不是主体对客体的指挥控制，更不是教师把自己的价值观念和行为准则强加给学生或者迫使学生服从。

(二) 结构主义思想

首先，结构主义强调，世界是由各种"关系"，而不是由各种"事物"所组成的。事物脱离了关系就变得没有意义。结构就是"一种关系的组合"。整体对于它的部分具有优先的重要性，只有通过对于对象各部分之间的关系的研究，才能适当地解释整体和部分。对于教育而言，就是要树立整体的观念，以一种找出事物之间有意义的联系的方式去理解。

其次，结构主义认为，结构具有"整体性、转换性和自动调整性""是由具有整体性的若干转换规律组成的一个有自身调整性质的图式体系"。整体性说明结构有其组成规律、程序和过程；转换性说明结构是一个变动的体系，它遵循一定的转换规则而变动；自动调整性说明结构有自动变化的能力，在结构执行转换程序时具有自身的调节机制，而不会违反结构变化的法则和规律。

结构主义对于课堂管理的启示在于：首先，教师要把握课堂的整体结构，对于课堂中发生的事情，要从课堂各事件之间的关系中去考察，而不能武断地就事论事。同时，也要考虑对于某一事件的处理将对整体所要产生的影响和带来的变化。其次，教师要树立课堂的自组织观念。一个好的课堂是具有自组织的，具有自动变化的能力，而不需要教师时常的守护与管束。正是这一自组织能力促进课堂的不断完善与不断延伸。因此，教师应在整体性原则指导下，促进课堂随其关系的变化而不断转换，使课堂成为一个高度创造性的、高度交互作用的组织系统，最终促成课堂的自组织。

(三) 后现代主义思潮

后现代主义是20世纪后半叶流行的一种世界性的哲学、文化思潮。20世纪60年代的西方资本主义社会，科技和理性的极端发展，导致了两次世界大战的爆发，使人们承受着物质和精神双重的创伤。而工业文明的发展又带来了政治经济矛盾的加剧，人们的生存状态更加恶化。现代化对自然环境的破坏越演越烈，严重威胁着人们生存的自然家园。在失去了赖以生存的精神家园、自然家园之后，人们开始反思资本主义的危机和困惑，开始批判资本主义及其所信奉的意识形态。后现代主义就是在对资本主义社会现实的批判和反思，是对西方现代主义的片面化，极端化的思维方式的质疑和反叛中产生的。现代主义的核心是人道主义和理性主义，它提倡人道，反对神道；提倡理性，主张用理性战胜一切，衡量一切。它相信社会历史的进步和发展，相信人性和道德的不断改良和完善，相信人类将从压迫走向解放，而实现这一切的基础和力量就是理性。现代主义在推翻宗教神学和封建阶级，帮助资产阶级中登上历史舞台，虽然其在实现西方社会的工业文明和现代化等方面是功不可没的，但是在实现工业文明和现代化的过程中，现代主义走向了极端，进而走向了其反面：理性变成纯粹的工具理性或科技理性，人道和人权服从于工具理性，人成为工具理性的奴隶。后现代主义是一股源自现代主义又反叛现代主义的思潮，它和现代主义之间是一种既继承又反叛的关系。后现代主义又是一种源于工业文明、对工业文明的负面效应的思考与回答，是对现代化过程中出现的剥夺人的主体性、感觉丰富的死板僵化、机械划一的整体性、中心性、同一性等的批判解构，也是对西方传统哲学的本质主义、基础主义、"形而上学的在场""逻各斯中心主义"等的批判与解构，还是对西方传统哲学和西方现代社会的反叛与纠正。

我们可以从后现代主义思潮得到的启示是：首先，课堂教学中也存在着矛盾和冲突，这些矛盾和冲突常常因课堂成员相互间的不理解和难于交往或难于"对话"变得更加复杂。课堂管理就是要在课堂中建立一种自由开放的沟通网络，营造一种"话语"氛围，寻求课堂成员间不受威胁的合理交往与心灵对话，而不是动不动就下命令指使对方。对话和交往使师生获得共同的价值观，通过理解达成交流的认同和普遍的共识，从而构筑课堂中的和谐的"新理性"图景。其次，纪律不是由教师从外部强加，更不是把所有的主体划归单一统整的大众，而是通过学生的自我监督来维持。此外，后现代主义为如何看待教师在课堂中的角色及权威带来了反思。它要求教师从外在的权威转化为内在的权威，从单一的供给者转向情景共存，课堂教学管理更多的是让学生得到解放而不是得到限制。

四、课堂教学管理的生态学基础

课堂是一个特殊的生态系统，也是出生产者、消费者和分解者之间相互作用，通过食物（知识、情感、态度、价值观）关系构成食物链和食物网，它们之间及它们与环境之间进行着物质循环、能量流动和信息传递，以维持生态系统的稳定和繁荣。也就是说，持续不断的物质循环、能量流动和信息传递是一个生态系统长期生存和发展的基础，它自然也是系统管理协调系统的主要内容。在课堂生态系统内部，各种生态因素相互作用、相互影响，不断进行着物质的流动、信息和情感的交流，在这种不断地输入和输出过程中，通过涨落、自组织而实现系统在时间、空间与功能上的有序和稳定，最终实现它基本的内在功能——育人功能。

课堂教学管理创新的目的是实现课堂生态系统的自主管理，通过促进和维持课堂生态，发挥生态系统的基础性功能。其一，生态系统的物质循环，在自然生态系统内部，由生产者、消费者和分解者（还原者）构成生态系统的生物成分，其物质循环即组成生物体的基本元素在生态系统内部的生物与生物之间、生物与环境之间所形成反复的循环运动。课堂生态系统的物质流动指的是课堂环境中自然物质因素在课堂生态内的流动，它发生在课堂环境与生态主体之间以及生态主体与主体之间，包括教师与环境之间、学生与环境之间、教师与学生之间以及学生与学生之间等几个方面。这些自然物质因素主要指自然物理因素和设施设备因素，物理因素同然是课堂生态的重要环境因素，但它是相对稳定的。而我们更多关注的是师生在教学活动中使用的教具、学具、仪器设备、图书资料和教学媒体等设施因素。因为这些物质因素是知识信息的载体，它在教学活动中发生流动，从而实现课堂生态系统内的物质循环。课堂生态系统内的物质流动既不是机械的，也不是自然发生的，它是建立在师生关系平等和生生合作的基础之上的。只有课堂生态内的各种环境因素得以优化，学生个人空间适宜而又能充分合作，班风正、学风浓，师生关系融洽，生生关系和谐，课堂气氛活跃，学生保持旺盛的精力和浓厚的学习兴趣，课堂生态系统内物质的流动渠道才会更畅通，作用才能得以充分的发挥，课堂教学的效果才会更好。

其二，信息交流是课堂生态中必要因素，有系统必有信息。教学过程中所使用的多媒体及其他教材教具是语言文字的载体，充分发挥着课堂信息交流、物质循环的作用。生物在信息的影响下作出相应的反应及行为变化。生态系统的各要素在信息影响下，各居其位，各司其职，按照控制论的观点，正是这种信息流，才使生态系统具有自动调节机制，以维持生态系统的平衡与稳定。课堂又是进行信息交流的主要系统，在课堂教学过程中，这种信息的交流不断发生在师生之间、生生之间以及师生与环境之间。在课堂教学的各个环节中，教师通过借助各种教学仪器设备等教学手段，伴随着有声无声的语言的形式，无时无刻不在给学生传递着知识信息；学生之间通过合作性互动，在不断的讨论、沟通、对话、启发、评价与帮助中，使个人对知识的理解更加丰富和全面。同时，学生的学习并不是简单机械的被动接收过程，而是一个积极探索、主动获取知识信息的过程，他仍与课堂环境之间不断地进行着信息的交流，通过这种交流，学生知识变得丰富，智力得到发展，能力得到培养。

其三，情感互动是课堂生态必须发挥的又一功能，课堂生态内的情感交流，即课堂教学过程中各生态因子特别是师生和生生之间的情感沟通过程。在课堂教学活动中，教师、学生和课堂环境是教学中情感现象的三个源点，当课堂教学活动开始的时候，这些情感因素便在教学情境中被激活了；并以情感信息的形式，伴随着认知信息的传递、人际情感的交流，在课堂生态内部的各种生态因素之间发生流动，从而形成情感交流的良性循环的动态网络。课堂上，教师的微笑、叹息、幽默，语调、语速等无不带有强烈的感情色彩。教师情绪良好，精神振奋，热情洋溢，通过这种情绪的感染作用，学生就显得轻松愉快，积极地参与课堂教学过程。反之，学生就会产生无所适从的压抑感、危机感和不满情绪。同时，学生学习积极性高，课堂气氛活跃，对教师的教学行为也有明显的影响。它可以促进教师更好地组织教学内容和调整教学方法，从而加快和提高教学的进度和效果。另外，学生之间也通过讨论、交往以及回答问题不断地相互影响，时时刻刻地进行着情感的交流。学生健康情感的培养既是教师教学的有利条件，更是教师教学的重要目的，只重视学生的认知过程，忽视学生的情感生活，正是传统课堂的最大弊端。注重和加强课堂生态的情感交流，让课堂充满着关爱和友谊、自由和民主、理解赏识和尊重信任，建立融洽和谐的师生关系、生生关系，形成团结奋进、积极向上的课堂气氛，通过感染和熏陶，学生就能形成积极的人生态度，获得丰富的情感体验，思想道德和情操水平也得以提升。

课堂教学管理的基本原则

课堂教学管理有其内在的机制与规律，要有效实现课堂教学管理的目标，就必须遵循课堂教学管理的原则。课堂教学管理原则不仅与课堂教学管理目标有关，而且与课堂系统的特征直接相关。

一、目标原则

课堂教学管理应当有正确而明晰的目标，它为教学目标的实现提供保证，最终指向教学目标。正确的目标具有管理功能，直接影响和制约师生的课堂活动，并起积极的导向作用。

为了有效地贯彻目标原则，教师在课堂上应当运用恰当的方式，使全体同学明确每堂课的教学目标，让师生双方都能明确共同努力和前进的方向。目标本身具有管理功能，直接影响和制约师生的课堂活动，为课堂活动起积极的导向作用。并且，目标使学生成为积极的管理者和参与者，这对于激发学生自觉的求知热情，增强学生自我管理能力，也具有积极意义。

作为课堂管理者的教师，课堂上所实施的一切管理措施，包括组织、协调、激励、评价等，都应当服务于设定的教学目标：课堂教学管理的成败得失，也应当以教学目标的实现作为衡量的依据。有的教师忽视教学目标对课堂教学管理的制约作用，片面追求课堂教学管理的表面现象，如过分强调安静的气氛，一样的坐姿、整齐的行为等，而当这些管理要求脱离了教学目标之后，却可能成为打击学生学习积极性，抑制思维的不良影响因素。实际上，教师在课堂教学管理中主动激发师生之间、同学之间的各种内外"冲突"，如分歧、争论等，不仅不会影响课堂教学的成功进行，而且会促成教学目标的实现。因此，教师只有在目标原则的指导下，才能避免课堂教学管理的形式主义，创造出真正优秀的课堂教学管理。

二、系统性原则

课堂系统是由内在联系的特定要素构成的有机统一的整体。把课堂视为一个系统，其构成因素是较为复杂的，既有物质的，也有非物质的，即精神或是心理上的；既有有形的，也有无形的。这样一个多因素构成的系统，只有在各因素协调一致时，课堂才会产生整体作用。因此，教师作为一个课堂教学的管理者，应具备全局的观念，从整体上对课堂系统的各个方面进行规划与调整，以便把各种因素有机地协调为一个整体，发挥更有效的功能。出现课堂问题时，要从整体来分析与把握，从问题与环境，时间、空间与场合，得与失，利与害，个人与集体，社会、历史、现实与未来，自我与非我等多方面的关系中形成一个全面而正确的认识。

三、自组织原则

自组织现象，是指自然或客观事物本身自主地组织化、有序化的过程。对自组织的认识需要我们一开始就假定教师、学生、课程一起进入的是一个全新的场景。对教师来说，课堂教学管理的目标是什么样的方法使学生养成自我管理的好习惯，教师并不是在"转让"知识或技巧给学生，而是努力让学生进入自己的世界，让自己进入学生的世界，和学生共享一个世界。

课堂的进展过程就是在寻求新的信息，不断从事与创造有意义的对话，不断实现新的连接的过程，这种过程是自然发展着的。但在传统的课堂教学管理中，教师常常根据自己的臆断试图给课堂加上了一些人为的框架，于是课堂并不能很好地与之对应，而必须经常加以限制直至它能符合这些框架，因此在课堂教学管理中容易出现单向的专断性控制。在这种情况下，教师很难对课堂本身进行管理。有人说："课堂是一个组织系统的外在现象，它并不能被'管理'，只能在积极的建构下得到发展。"课堂作为一个开放的系统将由于对自组织的充分重视或自组织作用的充分发挥而趋向自我完善。

四、内在性原则

教师往往基于课堂管理的外在行为看待课堂教学管理，而忽略了学生的内在管理作用。实际上，真正有效的课堂教学管理是学生自我学习的管理，教师起着一个引导者的作用，促进学生对自我学习的管理。内在管理原则强调学生积极主动地参与，在参与过程中形成自主意识和责任感，激发其主动和创造精神。内在管理不仅能提高课堂教学管理的效益，而且能发挥学生的聪明才智，有利于学生的成长和发展。老师的外在管理容易抑制课堂系统中各要素的自主性和灵活性，不可避免地要同系统内、外各种情况的不断变化相冲突。如果学生感到自己只是老师意图的执行者，那么这种消极被动的地位，只会使学生像石磨一样一推一动，导致课堂缺乏内在的活力。课堂教学管理要为学生的主体性和积极性的发挥规划目标，提供条件，激发和引导其内在动机，实现内在控制，这是现代条件下课堂管理的一个重大变革。

五、动态性原则

课堂教学管理并不是在既定框架下的静态管理过程，而是动态的、不断发展变化的过程。因此，要用变化的眼光看待课堂问题，以发展的视角进行课堂管理。对于课堂中的问题，要进行动态考察，因为所有的存在都有其变动的流程。现行的状况虽然与过去有着逻辑关联，并对未来产生一定程度的影响，但它主要是对现在的反映，不能说明未来的必然状态。课堂环境时时都在变迁，课堂成员时时都在发展，影响课堂的因素总处于变化之中。教师要从发展的角度看待课堂中的问题、冲突与矛盾，要从变化的视角认识课堂的进展、停滞与挫折。坚信学生具有潜在发展的可能，当一切问题皆处于动态的审视之中，就能有效实施课堂教学管理。

六、激励原则

激励原则就是在课堂教学管理时，通过各种有效手段，最大限度地激发学生内在的学习积极性和求知热情。贯彻激励原则，首先要求教师在课堂上努力创造和谐的教学气氛，创造有利于学生思维、有利于教学顺利进行的民主氛围，而不应把学生课堂上的紧张与畏缩作为管理能力强的表现。

课堂教学管理的任务之一是培养良好的课堂集体和学生课堂行为，但这并不是一蹴而就的事情，需要长期培育，而最好的方法就是通过不断地鼓励和强化手段，激励学生的进步，满足学生的心理需求，营造积极向上的课堂气氛。为此，在课堂教学管理中，教师一要鼓励和提倡积极的个人行为，如刻苦学习、遵守课堂纪律、尊敬师长、互帮互助、不耻下问等。对在这些方面有突出表现的学生应及时给予表扬，因为教师的表扬是对学生行为的肯定，这样，学生就会受到鼓舞，大大地增强其信心。二要用发展的眼光对待每一位学生。现代心理学告诉我们，学生是发展中的人，其生理、心理、知识、能力等都处在发展之中，处于不成熟、不完善的状态。每个学生不论其目前的状况如何，都有发展的潜能，教育的责任就在于使学生的潜在可能性向现实可能性发展。因此，教师应该时刻用发展的眼光看待学生，对于在课堂曾有不良行为的学生，要充分相信经过教育培养，他们都能成人成才。三要随时关注学生积极的变化，细心发现学生在原有基础上的每一点滴进步，不失时机地给予赞赏，让每个学生都有成功的喜悦，都有符合其能力的成功体验。四要对学生的不良课堂行为宽容和正确引导，促使其自我克服、自我矫正、自我完善。现代课堂管理理论研究表明，教师对课堂的最大影响就是对学生发展的激励，激励是有效课堂教学管理的核心。

七、反馈原则

运用信息反馈原理，对课堂管理进行主动而自觉的调节和修正，是反馈原则的基本思想。只有建立在班级学生思想与学习特点的基础上，课堂教学管理才能具有针对性和有效性。这要求教师在教学工作的起始环节——备课过程中，认真调查教育对象的具体情况，分析研究必要的管理对策。在一般的备课过程中，对课堂教学管理的设计是教师普遍忽视的，使作为必须参与教学过程的课堂管理缺乏明确的意识导向，影响教学进程，削弱教学效果。

课堂教学管理的反馈原则，还要求教师在课堂教学的过程中，不断运用及时信息来调整管理活动。由于课堂教学是在特定的时空内，面对几十个学生，这是一个多因素彼此影响和制约的复杂动态过程，可能出现各种偶发情况。因此，教师应不断分析并把握教学目标与课堂教学管理现状之间存在的偏差，运用自己的教学机智，因势利导，确保课堂管理的各种新指令作用于全班同学，善于在变化的教学过程中寻求优化的管理对策，而不应拘泥于一成不变的管理方案。

第五章

课堂教学的纪律实施策略

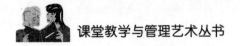

纪律在课堂教学管理中的作用

课堂纪律是指在课堂教学情境中，教师为了维持班级秩序、保证教学顺利进行而要求学生必须遵守的一系列行为规范。良好的课堂纪律对于实现教学目标、促进学生知识和能力的获得和健康人格的发展都具有重要意义。

一、纪律和课堂纪律概述

（一）关于纪律

纪律的内涵较为丰富，就目前的研究文献来看，关于纪律内涵的限定有不同的表述，在不同的表述中又有共同的内容。目前较为常见的定义如下：

观点一认为，所谓纪律，是指政党、机关、部队、团体、企业等为了维护集体利益并保证工作的正常进行而制定的要求每个成员遵守的规章和条文。

观点二认为，所谓纪律，是一种规则和规范。纪律依据规范所规定的标准与要求制定，遵守纪律，可以形成规范；纪律具体体现在规则之中，执行规则就是遵守纪律。强调纪律就是强调规则、形成规范。

观点三认为，所谓纪律，有三种基本含义。惩罚；通过施加外来约束达到纠正行为目的的手段；对自身行为起作用的内在约束力。这三层意思概括了纪律的基本内涵，也反映出良好纪律的形成过程是一个由外在的强迫型纪律逐步过渡到内在纪律的过程。

观点四认为，所谓纪律，是集体为了维护集体的利益并保证工作的顺利进行而制定的，要求每个成员遵守的各种规范和规则。首先，纪律是为维护集体利益所制定的，是正常教育秩序所必需的，主要指向集体生活和活动的领域。其次，纪律以规范和规则的形式存在，是外在约束。

蒙台梭利的纪律更接近于自律，她认为，人必须是自己的主人。当一个人是自己的主人的时候，当他自动遵守某种生活准则的时候，就有自我控制的能力了。"人的这种自我控制能力我称之为纪律。"

也有观点认为纪律是一种影响，为了维护令人身心舒畅的课堂环境，教师必须不断影响学生，引导他们对行为负责并且积极地相互交往，这种影响常常被称为纪律。纪律在教育领域中有两种主要定义：一是"学校违纪行为"；二是"教师帮助学生规范行为的所作所为"，纪律（教师的所作所为）是用来预防、抑制和改正违纪行为的，亦即没有违纪行为，纪律也没有存在的必要。

陈桂生认为：纪律是习惯行为体系和命令体系二者的统一。"实际上纪律就是使行为符合规范""纪律意味着在确定的条件下重复的行为"。

在《辞海》中，纪律被解释为纲纪法律和社会的各个组织（如政党、政府机关、军队、团体、企业事业单位、学校等）规定其所属人员共同遵守的行为准则。这些规则包括履行自己的职责、执行命令和决议、遵守制度、保守国家秘密等，以巩固组织，确定工作秩序，完成该组织所承担的任务。纪律有强制力和约束力，对违反者可以实行制裁。在西方，与纪律相对应的词是"discipline"，含有"训练""风纪""规定""教养""惩戒"之意，即通过训练使个体服从某些规范。

莫勒斯从心理学角度指出，纪律是学生遵守与成人主流社会相一致的行为规则，他强调成人主流社会的价值观和规则对学生的规范作用。

在管理领域，人们一般认为，纪律是各种组织为维护其整体利益和保证有序活动而要求其成员必须遵守的行为规则，以规章、制度、守则、规范等形式表现出来，对人的行为起着约束、组织、协调和控制等作用，是维系组织存在、统一组织思想、促使组织有效活动不可缺少的条件，也是管理的一种重要手段，起着积极的管理作用。纪律注重整体利益的维护和满足，侧重为了整体利益而约束个体。

综合上述各种观点，我们可以看到各种研究对于纪律的定义虽有不同，但均有共同关注之处，具体来说主要集中在适用范围、利益指向、确定主体、作用群体、作用方式和表现形式六个方面。所谓适用范围，都指向某一特定群体或组织；所谓利益指向，即多数定义都强调了纪律的目的性，表明纪律的目的即为维护集体利益和组织活动的有序，是维系组织存在、统一组织思想、促使组织有效活动不可缺少的条件，少数提到其他公民的利益；所谓确定主体，一般都限定为组织；所谓作用群体，特指本组织的构成人员；所谓作用方式，多数指向引导、教育和惩罚；所谓表现形式，即都强调了纪律的具体表现形式，如规则、规章、条文、制度、守则、规范等。此外，另有观点强调了纪律是从外部对组织成员产生作用的。

总之，纪律是组织维护其利益，形成组织活动秩序而制定的要求其成员遵守的一系列行为规范，它是一种应然性的规范。纪律存在于活动之中，通过一系列的行为规范来呈现，其直接目的是形成组织活动的某种秩序，根本目的是实现组织活动的目标，维护组织的利益。

（二）关于课堂纪律

课堂纪律是指在课堂教学情境中，教师为了维持班级秩序、保证教学活动和学生学习活动顺利进行而要求学生必须遵守的一系列行为规范，是指对学生的课堂行为施加的外部控制与规则。具体在课堂情境中，是指在课堂教学情境中由教师促成的，学生参与的，间接指向学生学习活动的，旨在维护正常的课堂秩序和促进学生学习活动顺利进行的一系列行为规范，它是一种有序学习环境的创设，旨在使学生在这种环境中进行有效的学习，表现为课堂中学生的行为准则与秩序。它反映课堂中师生之间、生生之间的关系，受教学任务要求的制约。它不仅包括既定的一系列规范，还包括教师在课堂情境中对学生课堂行为的期望和对这些规范的运用。它具有约束性和导向性，在对学生进行约束的同时也引导学生的思想和行为。课堂纪律包含四个构成因素：目标、内容、条件、评价标准。课堂纪律的目标指课堂纪律所要达到的教育目标；课堂纪律的内容指课堂纪律所指明的具体内容，它标明对学生行为的期望和具体要求；课堂纪律的条件指课堂中学生行为所需要的前提和背景；课堂纪律的评价标准指学生的行为发生后适用的各种奖惩方式，它也是衡量学生行为的基本标准。

课堂纪律是一个由对学生的课堂行为施加外部控制并逐步过渡到学生内在自制与自律的过程。课堂纪律的内容是多种多样的，几乎涵盖课堂的所有方面。依照适应纪律的活动性质而言，主要有出入课堂纪律、点名纪律、上下课纪律、课间纪律、值日生纪律等内容；依照适应纪律的项目性质而言，主要有道德方面的纪律、秩序方面的纪律、人际关系方面的纪律、安全方面的纪律和学习方面的纪律等内容。

依照课堂纪律的成因而言，主要可分为四类，即教师促成的纪律，集体促成的纪律，任务促成的纪律，自我促成的纪律。

教师促成的纪律。这是在学生从幼儿园到小学，各种行为习惯和思想观念还没有转变过来时，教师通过入学教育、开学典礼、班团会等多种形式培养班级凝聚力，从而形成的一系列课堂纪律。一般来说，如果课堂纪律仅仅是靠教师促成的，还没有内化为学生的自觉行为，这样的课堂纪律有很大的可变性和不稳定性。这种类型的纪律多出现在初、高中起始阶段和小学，它只是对班级管理外部改造的完成，接下来要做的事情还有很多。

集体促成的纪律。这是教师促成的纪律内化的一种表现形式，是当遵守课堂纪律成为全班同学的自觉行为时形成的一系列课堂纪律。它具有较强的稳定性，一般不会因任课教师的不同或学科的难易程度产生大的变化和波动，对个别学生的问题行为的改造作用也十分明显。对班级而言，这是比较理想的纪律形式。

任务促成的课堂纪律。它的形成和学生面临的任务有直接的关系，随着任务的出现而出现，可能会随着任务的结束而减弱，甚至消失，也可能会保持下去。学生有很强的好胜心和求知欲，也有一定的自觉性和可塑性，好胜心一旦被点燃，自觉性一旦被激发，可塑性一旦被利用，班级的潜能就可以被挖掘出来。

自我促成的纪律。这也就是人们常说的自律，其形成过程是比较漫长和缓慢的，但一旦形成就能受益终身。

二、纪律在课堂教学管理中的作用

凡是有目的从事社会实践活动的地方，都需要管理来协调行动、维持秩序、提高效率。纪律作为学校教育中不可或缺的要素之一对于维护学校教学秩序、促进学生知识的有效获得和健康人格的发展都具有重要意义。良好的课堂纪律直接影响着教学秩序、教学进度及教学质量，是建立良好的教学环境、组织和控制学生行为以保证教学目标顺利实施和实现的一种活动方式。学校纪律因此成为课堂教学管理的有力保障，在课堂教学管理中起着育人与管理的作用。所谓育人功能，就是纪律对学生自律、参与、民主意识等方面素质的养成价值，其指向首先是学生发展；所谓管理功能，就是纪律所具有的约束、调节、督促等方面的价值，其指向首先是组织的正常秩序。具体来说，纪律在课堂教学管理中主要发挥着以下几个方面的功效。

(一) 优化课堂教学管理环境，保障课堂教学活动顺利进行

良好的课堂纪律是有序的学习环境创设的根本保障。课堂作为教师教学、学生学习的物理空间，其中蕴涵着复杂多变的情境和互动。课堂纪律正是通过对课堂中各种教育因素的协调，影响着学生的发展。学校纪律不仅是一种旨在保证课堂生活的平静与有秩序的方法，也是保障课堂教学活动顺利进行以实现教育教学目的的重要手段。课堂作为师生活动的集中空间，不可能没有适当的控制，因为没有控制，就没有秩序。然而，学习终究是学生的发展过程，这个过程不是机械的运动过程。不恰当的控制又必然导致学生的发展受到阻碍。因此，控制与自由的协调，成为课堂生活中必然面对的张力，课堂纪律正是对这一张力的现实处理。良好的课堂纪律是保证课堂教学活动顺利开展，促进课堂不断生长的动力。

首先，课堂纪律通过创设良好的课堂环境来保障课堂教学活动的顺利进行。良好的课堂环境既包括了课堂中的秩序，也包括课堂中学习资源的合理分配和利用。加思科尔在《明智的纪律》一文中曾指出，只有在学生被允许对学校和课堂规则具有适度的兴趣时，才能控制课堂和形成一个良好的学习环境。

其次，良好的课堂纪律会让学生感到安全，有自信心。有效的课堂纪律能帮助学生在焦虑过度而威胁纪律之前稳定情绪，产生情绪安全感，降低焦虑感。如果老师放任自流，班级课堂纪律混乱，学生就会感到不安全，会对老师失去信心，从而对学习失去信心，影响学习成绩，使后果不堪设想。课堂是传道、授业、解惑的地方，课堂纪律就可以保证课堂处于一种安静、严肃的氛围中，保证学生的学习效果。因此，教师只有抓住课堂纪律，才能顺利实施课堂教学。可以说，良好的课堂纪律是

教师实施课堂教学的保证。

（二）增强学生集体凝聚力，提高课堂教学管理效率

学生集体的教育影响力是教学效率和学生健康发展的重要保证。客观上，纪律是对学生行为的一种制约，同时表现为集体行为的一种认同，是一种维护集体基本利益的有效保证。首先，纪律是以集体利益为基础的。在倡导尊重学生个性发展的今天，强化纪律主要是使每个学生的权利得到保障，得到自由和发展。其是从学生发展的实际要求出发，帮助学生在平时的学习生活中能依照学校的规章制度对照自己的言行。其次，纪律是帮助学生在长期的学习生活中，达成集体目标逐步形成学习认同。纪律教育使得学生在学习生活中对自己的行为习惯进行有效的教育调适，使自己的学习生活目标与集体目标趋于一致，积极寻求与集体共同发展的平台，实现集体和个人高度的纪律化。强化学生的纪律意识，可以帮助学生自觉养成良好的行为学习习惯，克服在学习生活中的浮躁，使其正确处理好学习与其他活动的关系，努力提高学习效益。在某种意义上，纪律是改善学生行为的有意识、有目的的行动，制定纪律的目的是提高学习效率，它以详细的规定约束学生的行为，使学生的行动具有一致性，来解决学生的合作和交流等问题，并维护集体和个人的利益。因此，它是达到集体目的的最好方式，也是良好的教育集体的外部表现形式，还是每个人充分发展的保障。研究显示，有效的课堂管理者都会在学年的开始花一定的时间来制定课堂规则和程序，以便顺利进行课堂教学，从而增加教与学的时间，提高课堂教学的有效性。在课堂环境下，纪律实践还可以促进教师更有效地利用教学时间，完成教学任务，促进学生获取知识。心理学家弗雷法利克·琼斯研究认为，在正常的情况下，教师会因学生的违纪失去50%的课堂教学时间。对于特定环境而言，纪律总是为了提高团队效率、维护组织利益的，是被导向改善组织行为的有意识、有目的的行动，它被用来应对"不确定性以及无法预见的意外事故"。良好的纪律可以引导学生养成良好的行为习惯，可以增强集体荣誉感，促进学生的身心健康发展。

（三）规范课堂行为，维持课堂秩序

课堂纪律是课堂成员应该遵守的保证课堂秩序和效益的基本行为要

求和准则。它通过规约学生的行为，逐渐深化学生对纪律所体现价值的认同，加强行为的自我控制，并养成良好的行为习惯。在学校教育范围内，纪律具有存在的必然性和必要性。即便把教育仅仅理解为知识传递，纪律也是一种不可忽略的维系教学秩序的工具，它可以增强学生间的互动机会，凸显人文关怀。学生间的交往互动有利于学生之间的沟通交流，有利于学生学会遵守集体生活中的基本要求和行为习惯，规范自己的言行举止。课堂纪律赋予课堂行为以一定的意义，具有规范、约束和知道课堂行为的效力，使课堂成员明了行为所依据的价值标准，知道应该做什么，不应该做什么。从一开始就约束规范课堂成员的行为，有助于维持良好的课堂秩序，及时纠正问题行为，建立良好的课堂内部环境。实践证明，及时而适宜地将一般性的要求固定下来，形成学生的课堂行为规范，并严格监督执行，可以避免课堂混乱，维持课堂的良好秩序。相反，如果教师不注意课堂纪律的建立，只凭着不断提出的各种要求、指令维持课堂秩序，就容易造成管理效率低下、时间的无益消耗和问题行为的产生。

（四）培育良好行为，促进课堂学习

学生正处于成长阶段，很多方面都还不够成熟，需要正确的引导，促使他们经过不断的学习，逐步做到自我控制和自我调节，养成自律的品质。首先，课堂纪律作为一系列明确的具体要求，使课堂中学生之间的互动有了依据。课堂纪律一旦被学生所接受，就会逐渐内化为学生的自觉性行为，就能唤起学生内在自主的要求和自我管理的欲望，激发学生自我管理的动机状态，形成心理上的稳定感，使学生养成良好的习惯。其次，课堂纪律通过交流和互动，来促进课堂教学活动的有效展开。最后，恰当的课堂纪律可以提高合作程度。纪律可以帮助人们在分工协作中的利益进行合理分配，把阻碍合作因素减少到最低限度，使课堂成为活动主体之间相互作用、相互制约、遵守社会规范而形成的稳定的、连续的、有机的统一状态，保障课堂教学活动的顺利进行。适宜的纪律，使学生之间目标一致、相互合作、和谐相处，建立起良好的情感，形成愉快和谐的群体生活，形成和谐、活跃的课堂气氛，引发学生的成就动机和进取心，建立良好行为的积极的正向强化，产生发展良好的课堂行为。因

此，课堂纪律对课堂教学管理的课堂行为和课堂学习具有导向和激励的作用。

(五) 培养学生良好个性品质，促进学生全面发展

如果把教育理解为人格养成，纪律便是一种无法回避的载体。在与人交往的过程中，学生会逐步明确自己个性品质中优秀的一面，扬长避短，改正不良的行为习惯，形成良好的个性品质。课堂纪律有助于学生道德准则和道德义务内化，使学生把外部的行为准则与自己的自觉要求有机地结合起来。同时，课堂纪律有助于学生人格的成熟，使学生在对持续的社会要求与期望作出反应的过程中，形成独立、自信、自我控制、坚持忍受挫折等成熟的人格品质。良好的课堂纪律的形成需要课堂中每一位成员的自我约束，这也是一个锻炼意志品质的过程。

课堂纪律有助于学生的社会化，使学生了解在各种场合得到赞同或默认的行为准则，也有助于学生人格的成熟。课堂纪律为学生的行为确定界限，它使学生了解纪律是通过一系列的规则为人的活动划定界限。这种界限的划分包括人体本身各种机能的"训练"，也包括权利和义务的明晰、活动空间和活动范围的确定。在班级这个大环境中，每个学生的个性都会得到老师和同学的评价和认可，学生的个性会因为老师和同学的评价而发生改变，使其个性社会化。从学生需要的基本素质上讲，符合教育要求的纪律及其实践活动，可以帮助学生形成规则意识、公平意识、平等交往的意识等。

总之，课堂纪律是正常开展教学活动的根本保证。无论在我们所批判的过去传统教育中还是在我们目前正在开展的素质教育及新课程改革的课堂里，关注纪律、建立良好的课堂纪律，都应该是我们矢志不渝追求的。只是，抓课堂纪律也要注意方式方法，先考虑它有哪些类型，它和问题行为有什么联系，它和任课老师又有什么关系？再本着对学生负责的态度去认真管理。

纪律与课堂常规的建立

有效的课堂教学管理需要通过明确有序的课堂常规来实现。一套行

之有效的课堂常规，能保障课堂教学有条不紊地展开。在教学中注重纪律与课堂常规的建立，有助于学生形成课堂行为规范，有助于教师提高课堂管理效率。

一、课堂常规及其特点

所谓"常规"，就是经常实行的规则。这种规则是人们正确认识客观事物的规律性的反映，也是人们适应规律、按规律办事的有效依托。在教学过程中，按照教育教学一般的规律形成的合理规章制度，让每一个课堂成员都必须遵循的、保证课堂秩序基本行为的要求或准则，我们把它称为"课堂常规"。

课堂常规是每个学生遵守的最基本的日常行为标准，是维持正常的教学秩序，协调学生的行为，以实现课堂教学目标而要求学生共同遵守的行为规范，是教学过程中师生互动、生生互动所形成或遵循的一种习惯性、制度化、合法化的规则；课堂常规是在课堂语境中，为完成课堂教学管理任务而产生的一些具体规定和采取的一些行之有效的做法。它是一个系统，是一种存在于课堂中的微观制度，具有管理学生、保证课堂教学顺利进行的效果。它赋予学生的课堂行为以一定的意义，使学生明白行为所依据的价值标准，懂得应该做什么，不应该做什么。课堂规则一旦被学生所接受，就会逐渐内化为学生的自觉行为，可以唤起学生内在自主的要求和自我管理的欲望，激发学生自我管理的动机，形成心理上的稳定感，并养成良好的自律习惯，使学生课堂行为规范化。

课堂常规具有如下一些特点：一是基础性。课堂教学是教师引导学生按照明确的目的，循序渐进地以掌握教材知识为主的一种教育活动。从学校全部工作的比重看，教学工作所占的时间最多，涉及的知识面最广，对学生发展的影响最全面，对学校教育质量的影响最大。因此，教学是学校的中心工作，而课堂是开展教学的主要阵地，课堂常规理所当然成为课堂教学管理工作的基础。二是普遍性。因为是常规，所以不论什么类型的学校组织教学活动都应遵循。三是继承性。课堂常规是人们在长期的课堂教学与管理实践中逐步形成并沿袭下来的，因此它有继承性。四是整体性。教与学和管之间是一种相互影响的关系，共处同一管理系统中，课堂常规既有教的常规，也有管和学的常规，管、教、学三位一体，缺一不可。五是制约性。课堂教学管理是一种全方位的群体实践活动，"不以规矩，不能成方圆"，因此这种"规"必然具有制约性，且常常作为检验教学的一种尺度而发挥其导向作用。六是动态发展性。课堂常规的"常"是相对的，课堂是一个不断变动的组织，因此课堂常规也是动态发展的。

二、纪律与课堂常规的建立

经常实行的规则称为常规，它是一种指导或约束。从一般意义上说，纪律是一种规则和规范。纪律依据规范所规定的标准与要求制定，遵守纪律，可以形成规范。纪律具体体现在规则之中，执行规则就是遵守纪律；强调纪律就是强调规则，形成规范。从范围来讲，纪律是课堂常规的组成部分。课堂常规一般包括课堂教学管理制度、学生守则、教师和学生的日常行为规范等。

(一) 加强纪律与课堂常规建设的重要意义

课堂从传统的安静有序转变为热闹有序，给教师组织课堂教学带来极大的挑战，适宜而有效的课堂规则会给教师增添一臂之力，但这需要教师在课堂教学中进行实践、反思、总结，建立一套适合自己课堂的课堂规则。

纪律与课堂常规对课堂教学管理的顺利进行起着非常重要的促进作用，但并非所有的课堂纪律都能发挥正向的促进功能，这取决于教师对学生的评价。如果教师对学生持正向评价，相信学生在课堂上的行为和学习表现，所确定的课堂纪律与常规就会起到积极的促进作用；如果教师对学生持负面评价，认为学生懒惰散漫，所确定的课堂常规与课堂纪律就会侧重于控制与维护，甚至采取一些强加措施或追求一些消极的涟漪效应。事实上，主要指向惩罚的纪律与课堂常规常常会引导学生关注消极方面，反而淡化学生的积极动机与态度，无助于发展学生高水平的、具有社会价值的道德水准。可见，消极、负面的课堂纪律与课堂常规不利于课堂行为和课堂教学；而积极、正向的课堂纪律，不仅具有维持功能，而且更能激发课堂的正向气氛，促进课堂行为与学习。建立积极、正向的课堂常规无疑是课堂教学管理的正确选择。建立课堂常规的目的，是要使课堂中的教学活动得以顺利进行，使学生享有愉快、和谐的群体生活。要达到这一目的，就必须认真细致地对待课堂常规的建立工作。

有效的课堂管理，实际上是在建立有序的课堂规则的过程中实现的。教师每天面对的是几十个性格各异、活泼好动的孩子，如果没有一套行之有效的课堂程序和常规，就不可能将这些孩子有序地组织在教学活动中。实践证明，教师加强课堂程序和常规的建设，适时将一些一般性要求固定下来，形成学生的课堂行为规范，可以提高课堂管理效率，避免秩序混乱，学生一旦适应这些规则，就会形成心理上的稳定感，增强对课堂教学的认同感。例如，音乐课要求学生上课时随着教师的琴声一行行列队轻轻走入教室，在音乐声中向老师问好、落座，下课后仍列队跟着音乐节奏轻轻退出教室。这样的要求一旦成为学生的行为习惯，就可以长久地发挥作用，产生积极的管理效益和教学效果。相反，一个教师不注重这些课堂程序和常规的建设，而在上课时只凭着不断提出各种要求、指令维持课堂秩序，这样不仅浪费时间，使管理效率降低，而且往往因要求不当产生新的课堂问题行为。

（二）建立课堂常规的依据

课堂常规的建立受多种因素的影响。一般来说，课堂常规的建立主要依据以下四个方面。

1. 法令与规章

有关的法律法规和相关国际公约的基本规定以及学生守则、学生行为规范条例、学校规章制度等，在很大程度上可以说是课堂教育教学活动的根本指导原则，其中也反映了学校教育目的的培养目标，是建立课堂常规的重要依据。《中华人民共和国教育法》规定，学校可"依照章程自主管理"，须"依法接受监督"。这表明学校的自主管理权必须在法律的约定下行使，遵守我国法律是学生纪律最基本的要求。教师在制定课堂常规时，既要注意《中华人民共和国教育基本法》《中华人民共和国教师法》《中华人民共和国未成年人保护法》等相关法律的规定，也要注重各种地方性法规文件，还要注意学校自行制定的校规，尤其要考虑与学生有关的条文与规定。一方面，这些法律规章和制度措施，是学生必须遵守的，教师应该把这些相关的规定融入课堂常规之中；另一方面，课堂常规要考虑这些规定所赋予的权利，绝对不能与法律相悖，绝对不能侵犯学生的人身权利和损害学生应有的利益。如今，衡量学生纪律好坏的标准，已不仅仅是管理效率的高低，还要看其能否实现对权利的正当保障，这样的价值导向才是完整的。因此，在建立课堂常规时，教师要特别明确哪些要求是学生必须遵行的规定，哪些是绝对禁止学生违反的，并说明学生违反规定所伴随的后果。

2. 学校及班级传统

学校和班级长期以来形成的那些对课堂教学活动起着保障与促进作用的优良传统，是经过实践检验并被证明是行之有效的。这些传统虽然并非都适宜于新的课堂，但可以提供一种经验、借鉴或参照。一位优秀的教师，总是能够从班级传统中找到合理而有效的课堂常规，因为这些常规一般是经过长时间的实践，并在实践过程中表现出积极的倾向。纪律与课堂常规要根据班级纪律的整体状况和学生的性别、年龄、个性等灵活制定。

3. 学生及家长的期望

学生是教育活动的主体，学生的期望自然应该受到重视。只是学生尚不成熟，而且不同年龄或来自不同背景的学生，期望并非完全相同，甚至有可能互相冲突。因此，教师在考虑学生的期望时要进行选择，并要特别注意正向的、积极的期望。家长往往对其子女有特定的期望与要求，学校虽并非以满足家长的要求为目标，但家长合理的期望对实现学校教育目标是有积极意义的，因此家长期望学校及教师予以加强或消除的行为也应该受到重视。

4. 课堂风气

课堂风气是课堂成员间持续而稳定的互动所形成的某些占优势的态度与情感的综合状态。不同课堂往往有不同的风气，有的课堂积极而活跃，有的课堂拘谨而刻板，有的协调而相辅相成的，课堂常规是否合理，直接影响课堂风气，而课堂风气的状况也影响着课堂常规的制定与建立。例如，如果课堂中存在着学生上课时不认真、吵吵闹闹，课前课后很少预习和复习等风气，教师在制定课堂常规时就要求侧重学习生活方面的常规，改善学习风气；如果学生太视重学业成绩，形成恶性竞争，就要求教师侧重友爱、合作、互助等道德方面的规则，改善学生间的人际关系。

（三）制定纪律与课堂常规的原则与要求

1. 课堂常规应明确、合理、必要和可行

为保证课堂常规的科学性、适应性和合理性，课堂常规应描述清楚、指向明确，还应正面措词。对于做不到的规则，暂时可以不定，或将其分解成数个层次规则。课堂常规如果以"合理"规范为特征，则不仅能使规范真正落实，而且能使教学管理更为有效。课堂常规明确、具体、可操作，既能控制、调节教师的教学行为，又不过分地约束、限制他们的主动性和创造性。虽然校规应该是保护学生权利的工具，但如果其中的规定不明确，就有可能导致侵犯学生权利的后果。模糊的规定使得教职工和学生难以清楚地认识学生的权利，不能为校园生活提供指导，导致纪律条文不可能达到完全的明确而不产生任何歧义。类似于"注重自己的行为"的规则对于学生而言显然是不明确的，难以起约束与指导作用；"上课要坐端正，两手要放在背后"这种规则既不合理，也无必要，而且是消极、负面的，不利于学生的学习；"上课期间禁止上厕所"，这种规定不但学生很难做到，而且不利于学生的身体健康。

课堂常规不仅是教职工的行为准则，也是学生的行为准则。纪律与课堂常规的制定要考虑学生的可接受性，如果用语含糊，则应做出对学生有利的解释。它应该明确告诉学生：什么事情不能做，否则会有何种后果，只要不做这些事情，就享有不受干涉的自由。在此，教师可以把师德规范与教学规范相分离，如"按时上下课，不得自行调课、停课""上课不能使用手机"等有关内容应纳入师德要求，与教学要求相区别。这样不仅能避免因课堂常规面面俱到却又不易解决问题产生的尴尬，还能更有效地引导教师提高教学水平。只有这样，教师才能通过课堂常规的制定，真正走出教学工作高效率的新路。

2. 课堂常规应体现民主原则，通过师生的充分讨论来共同制定

课堂常规不可由教师凭个人好恶独断设立，应经过学生的讨论与认同，在教师指导下学生积极参与制定。有研究指出，规范既可自上而下

地规定，更需通过学生集体的约定而形成。学生通过参与讨论，共同制定的课堂常规会更易于被学生认同和内化，更易于被学生自觉遵守并使学生乐于承担责任，教师执行起来就会顺利得多。因此，制定课堂常规时教师应该提供机会让学生参与，给予学生更多的参与权，将学生吸纳进来，让学生成为纪律的主人，来与教师共同制定规则，并让学生明白这些常规的必要性和严肃性。让学生感觉这不是一种外在的强加之物，而是与自身利益密切相关的东西，是经由自己的意志来制定的规则，是他们更愿自觉遵守的纪律，学生的遵纪就会逐步由外在转向内在，由被动转向主动，由暂时转向持久。这将不仅使学生成为规范的履行者，而且使学生承担某种规范执行的监督者，从而把对学生行为的"管理'与教育变成学生的自我"管理"（相互监督）与自我教育（相互影响），达到从小培养他们自我管理、自我协调、自我控制、自我改进等能力的目的。教师作为"平等中的首席"，作为规则的指导者参与进来，应立足于民主平等的师生关系与学生沟通，引导、促进规则的实施。例如，可以在充分了解班级的特点之后，先由班主任有针对性地根据班级的情况制定相应的规则，再经过全班同学的共同讨论和协商进行修改补充，双方认可之后，由全班同学在规则上签名，作为承诺，表示愿意遵守自定的规则。这样的规则更容易使学生接受，并且容易实行。

让学生制定、修改他们必须遵守的规则具有重要的育人价值。这种方法的价值在于：它可以促进学生智慧、情感和意志的发展，从而产生自觉的行为。在讨论过程中，学生能够学会从不同角度来看问题，逐渐克服以自我为中心的思维。讨论可以增强学生对道德问题的分析能力和对纪律的理解能力，也就是说，同教师的直接规定相比，学生会更加明确纪律在保证他们合作的活动中的价值。在讨论的过程中，自己的意见得到了表达和说明，也必须容纳他人的意见，这可以培养互相尊重的情感，而这正是自觉纪律所不可缺少的动力之一。此外，同学之间意见的交流，增进了相互之间的了解，这种过程本身就是一种生动活泼的"纪律教育"。总之，由学生自由讨论而决定的纪律规则，在学生的心目中不是作为外来意志的产物而感到"必须"这么做，而是作为协调同学之间平等关系的准则而感到"应该"这么做。这种纪律获得了道德意义，有利于学生主动性、积极性和创造性的发挥。如果纪律的制定出了问题，将由学生来承担部分责任，而让学生承担自己力所能及的决策风险，对于学生的发展是大有裨益的。

当然，民主绝不是无法无天，也绝不是抛弃任何权威，而是改变权威产生的方式和权威发挥作用的方向，以认同为基础的权威是最坚实的。需要说明的是，一些规则是不可以通过民主的方式改变的，比如人的尊严以及对学生作为人的尊重都是不可以通过民主的程序损害的，学生的基本权利也不是多数人的意见可以剥夺的。如果采纳多数人的意见，那么学生权利就有可能遭受损害，那些不遵守纪律的所谓的后进生的权利更是如此。

3. 课堂常规应少而精，内容表述以正向引导为主

课堂常规的制定应简化指标和操作程序，使教师容易掌握，也使课堂气氛较为宽松，课堂人际关系较为和谐。教师要对课堂常规进行归纳、删改，避免那些不相关或不必要的规则，制定出尽量简明的、最基本的、最适宜的规则，一般以 5～10 条为宜。如果不够全面，那就等学生学会一些规则后再逐步增加，因为一次制定得太多，学生一下子难以把握，教师也难以控制。同时，纪律约束的适当范围必须是一种有节制的限制，并基于以下因素加以考虑：第一，有规则就有例外，纪律一定有漏洞，各种纪律之间必然有缝隙。学校不可能将问题全部罗列清楚，因为要给学生保留充实个人日常经验的情境，给学生保留主观能动性发挥的空间，所以不能将学生经验的建构完全寄托在学校给定的纪律条文上。第二，虽然每个人的行动都是受制于各种规则的，但是这并不意味着学校教育可以或者必须把所有的规则都做出明确的阐述，并使之形式化。大量的规则是不可能也不必要明确阐述的。而且，纪律虽然明确、具体且可操作，但是由于特定的规则仅限于调节特定类型的学生行为，一套规则无论多么细致入微，都不可能涵盖所有的学生行为。第三，当人们的权利互相冲突时，就需要规则加以调节。在正常情况下，任何机构和团体都不能为了提高效率、建立良好环境或者其他美好目的侵犯个人权利。因为限制某些权利是为了保护其他权利，所以限制越小越好，只要能够解决权利之间的冲突就好，学校管理者在制定规则的时候必须遵守这条要求。

制定规则的目的不仅应使学生听从，还应使学生的生命活力得到张扬。课堂常规内容的表述应采用生动、活泼的语言，内容应该具有正面、肯定、引导性的特点，而非抽象枯燥的成人化语言，多用积极的语言，多规定"做什么"，少用"不准或严禁做什么"之类的词语。传统的课堂规则往往包含过多对行动的禁止，因此便不可避免地限制着学生的自由，压制了他们的生命活力。新课堂常规的制定要采用学生的视角，也就是说，对于任何一条规定，都应让学生不觉得是对他们的禁锢，而是行动的号召，应鼓励和帮助他们，给他们充分的自由，鼓励他们去活动，为学生的课堂活动营造一种充满生命活力的氛围。应该尽量用"你应当怎么做或者怎么做会更好"，避免"不准或者禁止做什么"等语言。例如，不应教训他们"不许摘校园里的花"，而应当对他们说"你们每个人都要在校园里栽一株花，精心地去照料它"。这种积极、正面的语言既便于学生切身理解，又能表现出教师对学生的尊重与期望，容易产生良好的心理效应，为学生提供积极的行为目标，产生积极的强化作用。

4. 课堂常规应及时制定和不断调整，实施发展性纪律与课堂常规

课堂常规不可能一开始就尽善尽美，一旦建立起来，就完全符合课堂的各种情境和学生的实际状况，而且学生也不可能完全明了课堂常规的基本要求。教师在实施过程中要不断检查，并根据各方面的具体情况，加以补充、修改或调整。通常情况下，可以采用活动式的，即每过一两个星期对规则进行修改，并与学生共同讨论，在学生共同参与的情况下对课堂常规予以更新。在需要调整或修改的规则较多时，应先从最重要的一两项开始。

随着新课程在全国的广泛推行，教育关注学生的内在发展已成为人们的共识。新课程的基本宗旨是以学生为本，根本目标在于促进学生的整体性发展。在这一背景下，纪律理念也应该发生转变，纪律与课堂常规应由规范学生行为、束缚学生成长的外在工具转变为促进学生内在发展的教育因素，实现从工具性纪律向发展性纪律转变。工具性纪律是外在、静止、被动和暂时的纪律，发展性纪律则是内在、活动、主动和持久的纪律。因此，教师应抓住机会制定课堂常规，在开学之初就与学生共同讨论，了解学生的状况和学习方式，征求学生对课堂常规的意见，与学

生分享自己的需要与要求。教师要把他所期望和设想的规则传递给学生，让学生从一开始就明确教师的意图和行为期望。学生需要从一开始就获得关于他们行为的规范，以顺利地适应课堂的学习生活。在这一过程中，教师应保持弹性和折中性，以保证课堂常规得到学生的认同、确认或支持。

5. 遵循学生身心发展的规律，尊重并保障学生的正当自由

不同年龄阶段的学生在思维特点及社会性发展水平方面各不相同，对规则的理解与内化方面也会各不相同。因此，规则的内容要符合学生的年龄特征、紧贴学生的实际、切合学生的体验、符合学生的思维特点。

纪律约束必须是一种有节制的限制，即"有节制的自由"。着眼于学生自由的纪律，是对学生自由的保障。从这种纪律观念引申出来的规范，只约束少数可能违规的学生的自由，若把不致妨碍别人自由的行为，也置于纪律的约束之中，势必使多数学生丧失必要的自由活动的空间，从而把纪律推向学生"自由"的对立面。以学生自由为出发点的纪律，形成规矩简单、要求有限的"弱化"的纪律；以学校、教师期待的学校秩序为出发点的纪律，按照"规矩越多，越有秩序"的逻辑，形成规矩密集、要求偏高的"强化"的纪律。

从某种意义上来说，纪律与课堂常规育人与管理价值的发挥也更多地取决于其与中小学生特点的匹配程度。青少年学生处于独特的发展阶段，其身心发展的特殊情况必须被重视。纪律约束必须适应学生的心理发展阶段。总之，课堂规则只有建立在尊重学生生命、尊重学生成长发展的基础上，才能充分发挥课堂规则在课堂管理中的作用，充分体现课堂规则的价值，创造出人性化的管理环境，让课堂焕发出生命活力。

6. 关注学生的独特文化，让学生明确学习任务

学生的独特文化是指学生个体所具有的价值取向和思想观念等，是课堂师生、生生互动的基础。只有了解学生的独特文化，才能确立相应的课堂常规。同时，教师要明确课堂任务，使学生感知和理解它，认识到学习对自己、对社会的重要性和意义，学生就会以当前的任务来要求

自己，在学习自由"度"的范围内自我约束，并将课堂纪律内化为自我意识和自觉行为。学生接受学习任务并积极投入学习的过程，就是接受纪律约束的过程。只有当学生认识到课堂教学任务的完成需要有相应的课堂常规来保证，认识到课堂内的任何喧闹、骚动都会直接或间接地对其他同学的学习产生影响时，他们才能有正确的思想观念，肩负起维护、管理课堂的责任，从而自我约束，共筑自由课堂秩序。

课堂问题行为的类型与原因分析

课堂规则并非一劳永逸，经常会出现失范，使教师不能积极有效地实施课堂管理和激发学生兴趣，导致学生的迷惑、不满，甚至失去学习兴趣，从而产生问题行为。事实上，无论什么课堂，问题行为都是难以避免的，而分析和了解课堂问题行为产生的原因，对于教师采取针对性的策略来减少或控制问题行为具有非常重要的现实意义。

一、课堂问题行为及其类型

（一）课堂问题行为的界定

20 世纪中期以来，国内外教育心理学家和教育社会学家就问题行为这一领域进行了许多有价值的实验研究和理论探索。仅以概念作审视对象，与之相近的有：反社会行为、行为失常、不当行为、不良适应、破坏行为、偏差行为、违纪行为、异常行为等，对概念理解的角度不同，对它的界定就有所不同。

关于问题行为，美国心理学家林格伦下了一个比较经典的定义：从广义上讲，"问题行为"是一个术语，它指任何一种引起麻烦的行为（干扰学生或班级集体发挥有效的作用），或者说这种行为所产生的麻烦（表示学生或集体丧失有效的作用）。因此，他将"对教师和其他权威人士长期的对抗""极端的羞怯""过度的白日梦""旷课""长期的不愉快和抑郁"等症状都看作问题行为的多种表现。

国内学者由于各自的研究目的、对象、内容和研究方法不一样，对问题行为下的定义也不一样，如有学者认为："儿童的问题行为，是指那些障碍儿童身心健康、影响儿童智能发展，或是给家庭、学校、社会带来麻烦的行为。"《中国教育大百科全书》对于问题儿童的界定则是指品德上存在严重缺陷且经常表现出来的儿童。问题行为指的是个体身上出现的妨碍其社会适应性的异常行为，即不能遵守公认的正常儿童行为规范和标准，不能正常与人交往和参与学习的行为。

关于课堂问题行为概念的界定，各国学者从不同侧面、不同角度给出了定义。在《心理学大词典》中，课堂问题行为的解释是课堂中的问题行为，指的是妨碍课堂教学—学习过程的行为。我国学者周润智认为，课堂问题行为是指由学生做出的影响教学正常进行的一切举止和言行。施良方等人认为，课堂问题行为是指在课堂中发生的，违反课堂规则，妨碍及干扰课堂活动的正常进行或影响教学效率的行为。孙璐、叶珊认为，课堂问题行为是学生在师生交互作用中产生的影响学习或教学的问题行为。张人认为，课堂问题行为是指学生在课堂上违反公认的行为规范和道德准则，使教学活动不能顺利有效进行的行为。李志等人认为，课堂问题行为就是学生在课堂上表现出来的与课堂教学目的不一致，影响自己或干扰他人学习的行为。马彦宏认为，课堂问题行为是指妨碍自己的学习，有时还干扰教师的教学和其他同学的学习，直接影响课堂教学质量提高的行为。

以上概念在相当程度上揭示了课堂问题行为的含义，但它们或是从学生的角度，或是从教师的角度单方面进行了探讨，往往容易导致重视对学生课堂问题行为的研究而忽视教师的课堂问题行为。众所周知，课堂是由教师、学生及环境组成的复杂的社会体系，师生在课堂中是通过交互影响来完成教学，达到教育目标的。事实上，学生课堂上的许多问题的产生和加重都是由于学校的影响，甚至是教师本身行为的影响。因此，我们在研究课堂问题行为时，既应考虑学生的因素又应考虑教师的因素。

综上所述，课堂问题行为是指学生或者教师在课堂环境中，受一定刺激所引起的、经常发生的、违反课堂规则、程度不等地妨碍及干扰课堂教学管理活动的正常进行或影响教学效率的行为。课堂问题行为是和课堂正常行为相对应的，其基本性质是与课堂目标不一致并影响正常课堂秩序和教学质量的消极课堂行为。

（二）课堂问题行为的类型

不同年龄阶段的学生表现出不同的问题行为，以中小学课堂中常出现的与正常的课堂秩序发生冲突的行为为标准，根据学生行为表现的主要倾向可将课堂问题行为分为以下两类。

1. 外向性问题行为

外向性问题行为主要包括与同学相互争吵、挑衅、推撞等攻击性行为。课堂上自言自语或高声喧哗，如无病呻吟、唉声叹气、与邻座同学交头接耳、议论与教学内容无关的事等扰乱课堂秩序的行为；做滑稽表演、扮演课堂小丑、口出怪调等故意惹人注意的行为，如做鬼脸、做怪动作；故意顶撞班干部或教师、破坏课堂规则的盲目反抗权威的行为。外向性问题行为扰乱别人，具有煽动性、捣乱性和破坏性，它直接干扰课堂纪律，影响他人学习，影响正常教学活动的进行，为同学、教师所厌恶，容易被觉察并引起教师重视，教师对这类行为应果断、迅速地加以制止，以防其在课堂中蔓延。

2. 内向性问题行为

内向性问题行为，主要表现为在课堂上沉默寡言、心不在焉、神情呆滞、胡思乱想、做"白日梦"、发呆等注意涣散行为；逃避、害怕提问、情绪低落、抑郁孤僻、不与同学交往等退缩行为；看小说、翻杂志、不认真听讲、胡乱涂写、作业马虎、抄袭作业等不负责任的行为；迟到、早退、中途逃课等抗拒行为。内向性问题行为以消极、服从、依赖成人的形式表现出来，对集体和纪律的干扰不明显，不易被教师察觉。虽不对课堂秩序构成直接威胁，但它对学生身心健康和品行发展的影响并不比外向性问题行为的危害性小。因此，教师在课堂管理中不能只根据行为的外部表现判断问题行为，对内向性问题行为也应认真防范、及时引导矫正。

（三）课堂问题行为对课堂活动的影响

1. 课堂问题行为影响教师的教

学校存在以来，学生在课堂上的问题行为一直就困扰着教师。当一个学生的问题行为波及他人甚至全班时，教师往往会中断或中止课堂活

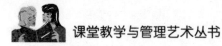

动，通过采取有效措施维护课堂秩序，而这种做法本身就干扰了正常的课堂教学，有时则可能导致与有关学生的更激烈的冲突，从而引起更大的课堂混乱，使课堂教学活动无法顺利进行。同时，教师也因耗费过多时间在学生问题行为的控制上而变得灰心和没有成就感。

2. 课堂问题行为影响学生的学

从心理学角度来看，有课堂问题行为学生的存在，本身就已成为其他学生学习的干扰源。一个学生的课堂问题行为可能诱发另一个学生的问题行为，也可能把问题蔓延开来，诱发许多学生产生类似的课堂问题行为。可见，学生在课堂中的问题行为影响的不仅是自己的学习活动，也会干扰其他同学的学习活动，使其他学生无法在课堂内有效学习。

3. 课堂问题行为影响学生个性社会化的发展

学生在课堂上出现问题行为得不到及时矫正，将影响其本人和同学的认知效果，更重要的是，一个缺乏良好纪律性和自控能力的学生易在外界不良信息的诱惑下出现有害社会的行为。

4. 课堂问题行为影响师生关系的融洽

课堂里的人际关系主要包括教师和学生、学生和学生之间的关系。而这些人际关系在相当大的程度上取决于教师和学生的个人行为。当课堂问题行为出现，师生双方或各自的期望无法得到满足时，师生之间将发生冲突，在这种状态下，课堂秩序混乱，教学活动根本无法正常开展。特别是新教师，由于缺乏课堂管理的经验，对学生的问题行为常常忧心忡忡，不知如何控制以致因处理不当而影响了师生之间的关系，从而阻碍了课堂教学的正常进行。

二、课堂问题行为产生的主要原因

课堂问题行为产生的原因是复杂的，它涉及学生认识、情感、行为和人格等多个维度，也涉及教师的教学及环境和家庭等多个方面，是各种问题的综合反映。

（一）学生因素

中小学生的行为表现受到年龄、年级、性别、家庭背景等自身特征的制约，可以说，课堂中大量的问题行为与作为课堂教学主体之一的学生的身心状况直接相关，中小学生的身心发展是课堂问题行为产生的重要因素。学生的课堂问题行为在一定程度上与其个性心理特征如能力、性格、气质、情绪等密切相关。以下主要从中小学生的性别、生理、性格、认知水平、基本需要五个方面进行分析。

1. 学生性别方面的因素

学生的性别特征对课堂问题行为也会产生一定的影响。一般来讲，男生的问题行为比女学生多一些，这在低年级尤为明显。有研究指出，对于女生而言，男生精力旺盛，活动量大，又喜好探究，多性格开朗，勇敢果断，而他们的自我控制能力相对较弱，集中注意力的时间相对较短，在课堂上常不拘小节、好动，甚至任性好强，在很小的年龄阶段就显示出较强的侵犯性行为，因此课堂上有碍教学进行的外向性问题行为多发生在男同学身上，特别是外向性问题行为。而女生的活动多定向于人，她们喜欢交往，富于感情，显示出文静、细腻等特点，对人与人之间的关系很敏感，容易获得社交技能，并且她们易受暗示，缺乏果断，较少自行其是，而且集中注意力的时间相对较长，因此在课堂上发生在女生身上的问题行为有较强的文饰性，易于引发内隐性问题行为，外向性问题行为要少一些。

2. 学生生理方面的因素

不同的青少年儿童具有不同的身心发展速度与水平，具有不同的个性心理特征和心理过程特征，也会表现出与之相适应的行为特征。处于学龄期的少年儿童，生长发育呈现出比较平稳的状态，活动量增大，智力活动处于快速发展时期，他们容易对所学的内容感兴趣，但集中注意力较为困难，且情绪不稳定，容易冲动任性，很容易受偶发事件的影响，产生问题行为。进入到青春期的学生，求知欲旺盛，但情绪有着较强的"极性"特点，或强烈粗暴，或细腻温和，如果教师在教学活动中无视这些差异，或重视不够，都会导致各种问题行为的产生。学生生理上的障碍（无论是短期的还是长期的）也使学生容易产生问题行为，如有些学生在视、听、说等能力方面有障碍，会减弱学生学习的能力和动力，妨碍学生活动的正常进行，易使学生在课堂上出现敏感、不专心、退缩、消沉，甚至烦躁不安、自行其是等问题行为。疾病也是导致学生在教学活动中出现问题行为的原因之一，如头痛、发烧，或失眠、疲倦等都使学生很难集中精力参与教学活动。学生发育期的紧张、疲劳、营养不良等也会引起学生在课堂上精神不振、担心害怕、神志恍惚，进而产生问题行为。此外，神经发展迟缓或神经功能障碍也会造成学生的"多动症"，这种现象容易导致学生注意涣散、活动过度、冲动任性，这类学生容易出现活动过多、情绪不稳、大声怪叫、注意力不集中等多种课堂问题行为。

3. 学生性格方面的因素

从心理学的角度看，性格有外向型和内向型之分。外向型性格的学生往往喜欢人际交往活动繁多的环境，能够忍受强烈的噪声和捣乱行为。如果教师坚持要求教学时保持绝对安静，他们在一段时间之后必然会感到厌倦无聊，原因可能是没有适应现有的课堂学习环境导致情绪失落，以及渴望在学习过程中有多样的变化却未得到教师重视，一旦超越了忍耐限度，他们就会突然爆发，直至做出捣乱或挑衅的举动。而充满全新体验的课堂学习环境虽然显得十分有生气，但性格内向的学生会认为这样的环境会扰乱思维，影响学习效果，并且有可能对他造成过分的刺激，使他应对乏力，在突然间大发脾气或是趋于自闭。

4. 学生认知方面的因素

课堂问题行为的产生总是和学生的学习密切联系在一起的，而学生的学习状况与其认知发展水平密切相关，因此认知能力发展问题成为课堂问题行为产生的原因之一。皮亚杰认为，到了 13～15 岁，青少年的思维能力超出了只感知具体事物，表现出能进行抽象的形式推理，进入了形式运算思维阶段，但还属于经验型，他们的逻辑思维还需要感性经验的直接支持。因此，如果教师的教学不能适应这种变化，在学生需要更加生动、形象的例子、材料或操作活动来理解某一个问题时，却想当然地以晦涩、抽象的讲授代之；在学生已经开始有能力理解那些抽象概念，需要通过独立思考进一步提升思维品质时，却一味地灌输，让整个课堂变得索然无味，那么这时课堂问题行为的产生自然在所难免。另外，班级中学生认知水平的参差不齐，往往会让教师在教学中顾此失彼，而处在两个极端水平的学生则容易成为问题行为的"源头"。一些学生早已进入形式运算思维阶段，能够独立思考和解决问题，一般的课堂教学要求往往无法满足其需要。于是，他们可能喜欢在教师提问时未经允许就抢先说出答案；在课堂作业完成后用剩余时间"关心"其他同学。而另一些学生则始终停留在具体运算阶段，对每一个知识点都需要反复讲解和练习才能够接受。由于班级授课不可能完全满足其需要，课堂中难免遭受挫折，一再受挫后，学生不但会产生对课堂和教师的不安全感和对学习的焦虑，降低自我评价，也会对自己的能力产生怀疑。遭受挫折的学生，容易产生紧张、焦虑、惧怕甚至愤怒等情绪反应，在一定条件下这些情绪反应就可能演变为课堂问题行为。

5. 学生基本需要方面的因素

时刻获得他人的关注是人类的天性。美国心理学家马斯洛认为，人的基本需要是有层次的，低层次需要一般要在高层次需要前面得到满足。马斯洛理论的出发点是，人的本性向善，天生就有一种有所作为、被人赏识的需要。课堂中的学生也会通过各种方式引起其他同学和老师的关注。通过努力能够获得成功的学生，会用自己学业的成功获得其他同学和教师的赞赏；而认为通过自己的努力不能获得成功的学生，则会以学习以外的其他方式获得老师和同学的关注，为了在全班同学面前赢得地位，满足自己的自尊心，他们在课堂上满怀敌意地反抗教师，引起教师对自己的关注。因此，学生的消极行为不能看作是一个坏学生的标志，而应看作是对没有满足他的基本需要的环境做出的一种反应。马斯洛进一步指出，不借助他人就无法满足这些基本需要。只有个人的基本需要得到满足后，才可能具有自我实现的动机，具有冒险、学习、充分发挥潜力等需要。

（二）教师因素

课堂问题行为的产生与课堂教学的另一主体——教师的教育教学失策也是有关的，甚至有些问题行为可能就是教师直接造成的，因此绝不能把课堂问题行为完全看成是学生自己的问题。

1. 错误的教育观、学生观

个别教师缺乏正确的教育理念，在很大程度上容易导致偏态教学行为的产生，从而引发学生的问题行为。例如，教师将升学率作为指导思想，把分数作为判定学生好坏的唯一指标，在教学上搞题海战术，对学生进行超负荷的灌输，学生会因频繁的考试、课业负担过重、同学间的激烈竞争而产生巨大的心理压力，滋生厌倦情绪、逆反行为，甚至产生较严重的对抗性行为。这些压力累积到一定程度，就容易导致学生出现问题行为。如果教师缺乏正确的教育观，就会伤害学生的自尊心，使他们产生消极情绪，甚至会产生对抗行为，直接干扰课堂活动的正常进行。

此外，教师的学生观也对学生的行为起重要的制约作用。有的教师认为整个教育教学过程是以教师为中心的，学生是被动地接受外来影响的客体，是被管辖的对象，装知识的"容器""口袋"。持这种学生观的教师常采用"我讲你听"的注入式，习惯于对学生发号施令，利用所谓的"课堂纪律"来维持课堂秩序，而未仔细考虑问题的前因后果，以纪律约束来树立自己的权威，忽视学生的需要，学生长期处于紧张、压抑、被忽视的课堂环境和氛围中，失去了师生间交流的机会，疏远了师生的关系，使学生产生了逆反情绪，导致心理上与教师对抗，久而久之就会使学生产生一些寻求发泄、引起他人注意的不良行为。

2. 教学的失误

教师由于受到水平、学识等因素的影响，备课不充分、不恰当，在课堂上讲授时，只顾讲解教学内容，而不讲究教学方法和教学艺术。这种单一的"注入式"知识传授的教学方式使课堂显得枯燥无味，以教师为中心的课堂模式无视学生的存在，有的学生就以问题行为来证明自己的存在，来打发无聊的上课时间。此外，还有诸如教师对学生缺乏了解，教学内容过难或过易，讲课速度过快或过慢；表达能力较差，语言和要求含糊不清；对教学不负责任，懒懒散散；对学生的要求不一致；向学生随意许诺，但不兑现；缺乏自我批评精神，明知错了也要强词夺理；讽刺和训斥学生；等等教学偏差行为都可能导致教师威信的降低，引发学生问题行为。

3. 课堂管理的行为失范

教师在课堂中缺乏适当的管理，也是引发学生课堂问题行为的重要因素。许多教师过于将注意力放在教学内容的科学化处理上，忽视自己在课堂管理能力方面的锻炼和提高；或是强横专制，一味地追求纪律、接受和服从，却忽视民主，都会导致学生中问题行为的出现。放任自流的课堂管理对学生漠不关心，采取不闻不问的方法，放任学生，又会使纪律松懈，课堂未能形成良好的课堂气氛和教学环境，学生也因缺乏指正而出现违反课堂规则的行为。而强横专制的课堂管理无视学生的心理需要和情感体验，滥用惩罚，容易引起学生的反感，使其产生逆反心理，出现攻击性问题行为。这不仅有损于学生的身体健康，而且会导致学生在心理发展和性格形成上产生阴影，从而导致人格偏差，行为上自暴自弃，甚至由此产生品德上的问题行为。

4. 情绪异化

教师异化的情感，如冷漠、易怒、偏爱、偏见等，必然导致偏异行为的出现，而这种偏异行为，可能引发学生的问题行为。在教育教学过程中，有的教师情绪偏激易怒，即使对待学生的小错误，也会不顾师德，大发雷霆，严加责罚，或把学生当作"出气筒"，动辄发火、训斥、侮辱、谩骂、讽刺、挖苦学生，很少考虑学生的感受及自己行为的后果，久而久之，学生对教师产生反抗行为，受伤害的学生会借助不同的方式来表达他们的抵触情绪，如逃学、不遵守课堂纪律等，问题行为因此出现。还有的教师只注重培养优秀学生，对他们关怀备至，实行种种"优待政策"；对中等学生不太过问，听之任之；对后进生则不管不问，甚至厌烦、歧视，对他们的态度粗暴。教师这种对学生不一视同仁的态度往往是学生问题行为产生的直接原因：对优秀学生的"偏心"，使他们产生一种"优越感"，优秀学生认为自己优秀，进而产生自负、自满和故步自封的情绪，孤芳自赏、不求进取、盛气凌人，甚至打击、嘲讽学习成绩比他差的学生，而一旦自己受到批评或打击，就消极颓废；对后进生的"偏恶"会引发和加剧后进生的自卑心理与逆反心理，使他们难以正确接受教师的批评教育。

(三) 环境因素

课堂问题行为的产生，除了取决于学生和教师方面的因素，还与环境的影响有关。调查表明，三分之一的学生课堂问题行为是由环境造成的。

影响学生和教师课堂问题行为的环境因素有学校环境和社会环境。

1. 学校环境

学校环境包括物质环境和心理环境两种。就物质环境而言，诸如校址的选择、学校的布局、校园建筑的风格、校园的绿化美化、教室的设计和教室内的温度、色彩及课堂氛围、教学设备的安排等都对学生和教师的身心产生直接的影响，如果处理不当，就会产生问题行为。教室温度适宜、色彩明亮课堂气氛融洽，学生就可能产生一种愉悦的感受和积极的情绪，从而减少课堂问题行为。相反，如果课堂环境恶劣、气氛紧张，学生就可能产生昏沉、懒散的消极情绪，从而增加问题行为发生的可能性。同时，课堂座位的编排方式也与学生的问题行为有关，坐在前排的学生，其座位距离教师较近，通常能够积极思考、回答问题、参与课堂活动；坐在后排的学生，其座位距离教师较远，通常有捣乱、睡觉、看课外书等问题行为。此外，课堂周边物理环境不利也会影响学生的正常学习，引起问题行为的出现。比如，任何外来的强光、奇臭、噪声及突变的天气等，都可能成为课堂上问题行为的刺激源。

就心理环境而言，校风、班风、课堂教学气氛、教学过程中的师生人际关系等不同程度地影响学生和教师的课堂行为。例如，学生和教师以及其他同学的关系最能影响上课时的情绪，其中教师的教学风格和师生关系的性质起主要作用。师生之间不融洽、同学之间不和睦，容易导致学生和教师不满、烦闷、厌恶、紧张、焦虑等消极的情绪，阻隔师生之间、生生之间的情感交流，妨碍课堂教学活动的正常进行。经验和研究均表明，独断或放纵的领导作风、紧张的师生关系显然会导致更多问题行为的产生。

2. 社会环境

我们的社会正处于转型时期，生活节奏日益加快，人们竞争日益激烈，价值观念呈多元化态势，这不仅对尚未成熟的中小学生适应社会生活增加了难度，对教师也是一种挑战。一些教师由于受不良思潮的影响，在价值取向上倾向于功利化，过分强调个人的生活待遇，物质和金钱对他们具有极大的诱惑力，往往以报酬论工作，面对社会生活存在的脑体倒挂、分配不公和某些腐败现象，以及部分社会成员对教师职业的轻视，使教师产生对职业的倦怠和疲倦心理，产生对教育工作的错误态度，以致放弃自己的职责，在工作上身在其位，无心施教，甚至千方百计谋求转行，这种种问题不可避免地延伸到课堂，引发各种教师问题行为。对学生而言，面对现代生活方式的挑战和日益加快的生活节奏，中西方文化的融合，西方道德伦理观念的涌来，他们的世界观变得含糊不清，相互矛盾，还有在广播、电视、电影和书刊等大众媒体中所接触到的庸俗、商业性、低级趣味的内容，也会使学生受到影响，盲目模仿、具体尝试其中的动作与行为，这些行为使学生产生性格障碍，导致学生在课堂上出现问题行为。

（四）家庭因素

课堂问题行为的产生除了课堂教学主体和环境因素的影响，还与家庭因素密切相关。家庭教育是学校教育和社会教育的基础，是塑造，培养，教育人的第一个环节。与学校教育和社会教育相比，家庭教育是通过耳濡目染、潜移默化的方式进行的，最具直观性、情感性，也最易于把各种道德规范内化为个体道德品质。孩子从家庭成员的言行举止、相互关系、工作心态以及社会交往中受到很大影响，家庭的不良影响和教育是儿童产生问题行为的原因之一。

1. 家庭结构的变化

由于社会的急剧变革，家庭结构也发生了很大的变化。在城市，随着离婚率的上升，离异家庭也越来越多，父母的离异给子女的心灵带来了不可磨灭的创伤。因为父母离异前的一段时间对子女的教育是弃之不顾的，离异后的家庭教育也是不圆满的教育，重组的新家庭也由于孩子心理失去平衡，往往对继父或继母产生敌意，多数情况下教育都是失败的。我国有学者曾对离异家庭子女的社会性发展特点做过具体研究，结果发现与完整家庭子女相比，离异家庭子女与同伴、与父母的关系均较差，自我评价较高，表现出问题行为的人数多。而在农村，由于市场经济打破了我国农村单纯小农经济的模式，越来越多的儿童成为留守儿童，于是农村出现了单亲教养、隔代教养、亲戚搭帮教养等多种形式的家庭教养结构。这种家庭环境的变化，给孩子的心理造成了极大的压力，使他们出现了严重的心理问题，直接影响着他们在学校的学习和表现。

2. 家庭教育功能的欠缺

家庭的教育功能主要反映在家庭教育的能力、水平，教养的态度和方式方法上。许多事实证明，家庭教育功能的欠缺或丧失，是学生产生问题行为的一个重要因素。父母教育的不一致和只养不教是当前家庭教育功能欠缺的主要表现。父母对子女的溺爱、放纵、袒护、打骂等不良的教养态度和错误方式，常使孩子形成反抗、暴躁、屈从、打骂、欺侮人等问题行为。特多塔的研究表明，父母惩罚的程度与青少年犯罪以及攻击性行为呈正相关。米奇尔和谢泼德的研究表明，儿童在家庭的偏态行为与学校里的低成绩和不守纪律具有显著正相关。例如，父母打骂孩子；父母感情不好，家庭关系紧张；父母对子女期望水平过高或过多干涉子女的个人生活；对子女过于粗暴、严厉或冷漠、不信任；等都易使学生产生敏感焦虑、畏惧、不合作、厌学等不良心理状态，诱发课堂问题行为的出现。父母对孩子过分溺爱，过分保护也会限制其活动的积极性和独立性，压抑其创造性。孩子一旦离开家庭、离开父母的保护，受到挫折之后，便会产生焦虑、失望和自卑等情绪型的问题行为。同样，教师也不可避免地会受到家庭因素的影响，诸如家庭结构的变化、经济状况不佳、居住条件不好以及家庭成员之间的关系僵化等都会程度不等地影响教师的行为，诱发教师产生课堂问题行为。

3. 不良家庭教育方式

在诸多影响学生社会化发展的家庭因素中，父母教养方式是最重要的一个。正是通过父母对子女的教养行为，才把社会的价值观念、行为方式、态度体系及社会道德规范传递给孩子。有的父母采取放纵型教养方式，放任孩子自己做决定，即使他们还不具有这种能力。例如，任由孩子自己安排饮食起居，纵容孩子贪玩、看电视、上网。父母很少向孩子提出要求，如不要求他们做家务，也不要求他们学习良好的行为举止，对孩子违反规则的行为采取忽视或接受的态度，很少发怒或训斥孩子。这种教养方式下的孩子大多不成熟，往往具有较强的冲动性和攻击性，而且缺乏责任感，合作意识很差，很少为别人考虑。有的父母采取忽视型教养方式，这类父母对孩子既缺乏爱的情感和积极反应，又缺乏行为方面的要求和控制，因此亲子间的互动很少。他们对孩子缺乏最基本的关注，对孩子的行为缺乏反馈，且容易流露厌烦的态度。这种教养方式下的孩子与放纵型教养方式下的孩子一样，具有较强攻击性，很少替别人考虑，对人缺乏热情与关心，这类孩子在青少年时期更有可能出现问题行为。

总之，课堂问题行为产生的原因是十分复杂的。可能是学生和教师自身原因所致，也可能是不良环境造成的，还可能是家庭问题行为或社会问题行为的延伸，或是受同伴团体的不良影响。总的来说，它是教育过程中的主体、环境和家庭等因素共同作用的结果。课堂问题行为一旦产生，便很容易蔓延，诱发许多类似或其他的问题行为。处理不当，容易引起教师与学生之间的冲突和课堂纪律问题，影响课堂教学活动的正常进行，影响教学目标的实现，还会影响学生的身心健康，甚至影响学生的人格发展。因此，只有认真而细致地观察、分析和正确的原因，采取有针对性的策略，减少或控制问题行为，才能确保课堂活动有序而有效地开展，才能切实提高课堂教学管理的质量。

课堂问题行为的调控

培养学生良好的行为习惯是课堂教学管理的基本任务之一。而课堂问题行为又是教师经常遇到而又非常敏感的问题，处理不好，就会损害师生关系，破坏课堂气氛，影响课堂教学管理。这就需要教师在教学中用发展的眼光来看待在课堂上出现问题行为的学生，并采取有效的调控策略予以应对和矫正。

一、课堂问题行为管理模式的理论探讨

20 世纪 60 年代以来，学者开始对课堂问题行为进行大量的探索和研究，形成了各具特色的课堂行为管理理论，其中最主要的有以下几种。

1. 德莱克斯模式

根据德莱克斯等人的观点，儿童都形成某些重要的防卫机制旨在维护他们的自尊，学生的所有行为都有其特定的目的。还指出学生表现出

课堂问题行为是因为他们没有能力做出必要的个人调节以适应在个人间结构平等的群体中共存的需要。在这一模式中，教师的主要作用就是先分析一个特定学生的不良品行，再以个人谈话的方式来帮助学生理解他自身行为背后的目的。同时，教师还要让学生承担其不良行为的自然后果，通过自然后果教会学生评估情境、做出正确的选择和从经验中学习。教师还应鼓励学生并帮助其建立期望行为的规则、列出不良行为的后果，鼓励学生对表现良好行为做出承诺。这一理论模式强调的是学生的需要和自我约束。

2. 格拉舍模式

又称现实疗法模式。格拉舍认为，人有两种基本需要，即爱和被爱的需要，期望自己的价值得到自己和他人的认可的需要，若得不到满足，就会感到焦虑、自责、愤怒，就会逃避和不负责任，导致问题行为。这一模式还提供了现实疗法的基本程序：联系学生，正确对待学生面临的问题行为，形成判断，制订计划，做出承诺，不接受借口，承受自然后果。在这一过程中，要表明教师只是处理学生的行为，而不是学生本人，还要表明行为改变的责任应由学生自己，而不是教师负责。

3. 库宁模式

这一模式更注重群体的整体特征，注意与群体动力相关联的领导的质量，侧重于预防性教育常规和群体管理技术。正如查尔斯所说，这一模式有五大主要构想构成其特点：第一，教师纠正一名学生的不当行为时，这种纠正会对群体产生影响；第二，教师必须随时知晓教室内各个角落所发生的一切事情，让学生觉得教师对他们在做什么很清楚；第三，教师必须关注课业流程，保持最佳进度，使学生专注于功课；第四，教师要将自己的焦点保持在学生群体而非学生个体；第五，教师必须尽全力构建具有一般性的及特殊性的学习任务的课程，以免学生感到乏味。

4. 高顿模式

又称教师有效训练。其中心是教师必须放弃其作为权威人物的角色，应以自由、关心的方式来和学生讨论分歧。当课堂中出现问题行为时，教师和学生必须首先确定问题出现在谁身上：教师的、学生的或者是师生双方的。属于学生的问题涉及学习中的恐惧和焦虑；属于教师的问题涉及因学生的问题行为扰乱教学流程而使教师困扰。当学生出现问题行为时，教师必须积极主动地倾听学生意见，鼓励学生谈论他们的挫折、焦虑与恐惧，以帮助他们找到解决办法。当问题行为出现在教师身上时，教师也必须采取主动，向那些以问题行为扰乱或困扰教师教学的学生发出明确信号，以改变他们的行为。

5. 坎特模式

这一模式侧重于教师对学生负责行为的坚持和果断的常规训练。坎特主张，教师应该是充满自信和拥有权威的，要向学生明确而果断地提出期望和要求，确切告诉学生什么行为是可接受的，什么行为是不可接受的，并以相应的行为，凭其能力和意愿来确定有效的课堂管理方法。在整个过程中，教师只是心平气和、信心十足地指出这些后果，直到学生停止问题行为。除了充满自信的教师行为，这一模式还要求与该捣乱学生的教育有关的所有团体充分参与。因此，家长、同学、教师及学校行政人员都要参与，其目的就是在与所使用的行为管理方案有关的教师、家长、学生及学校行政人员之间形成一种合作关系。让他们保持与学校的联系，并了解学生行为的积极、消极后果，以做出反应，共同管理。当然，教师并不能只着眼于消极后果，而要不断运用积极强化来把学生的注意力集中到预期的行为上，并鼓励他们继续那种预期的行为。

上述学生问题行为矫正模式是20世纪以来课堂活动实践经验的总结。尽管其产生的背景不尽相同，但对于我们今天的课堂问题行为矫正无疑具有指导和借鉴意义。坎特模式、格拉舍模式主张以教师为主进行管理，而高顿模式、德莱克斯模式则主张以学生为主进行课堂管理。无论从哪方面入手，这些模式都有一个共同的优点，即它们都倡导以学生为主体、师生民主参与的积极正向的管理，都认识到惩罚的局限性和负面效应，反对通过惩罚来处理学生课堂问题行为，都要求通过正向的课堂环境、积极的鼓励方式、和谐的师生沟通以及满足学生需求等来有效地解决课堂问题行为。这些共同的价值取向与追求走势，无疑彰显了学生主体的发展倾向，与现代教育的内在机制是相吻合的。但是这些矫正模式也明显地存在不足之处：关注学生较多，关注教师过少；学校教育研究过多，

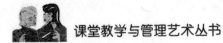

对环境、家庭因素研究过少。这些都是构建课堂问题行为的调控策略时应该加以重视的。因此，我们在构建课堂问题行为的调控策略时，应同时关注学生、教师、环境和家庭四个方面的因素。

二、课堂问题行为的预防策略

事实上，有些课堂问题行为是在课前就已经存在了的。因此，最有效的课堂问题行为调控，就是在问题行为产生之前，采取措施优先实施预防性管理，避免或减少问题行为产生的可能性。因此，我们应从课堂问题行为产生的原因入手，从学生、教师、环境和家庭四个方面加以预防。

（一）因材施教，培养学生的自我管理能力

同一班级的学生整体发展水平虽然大致相同，但他们的性格类型、气质、能力和知识基础都存在明显的差异。因此，在课堂问题行为管理当中，教师应充分考虑学生之间的性别差异、生理差异、角色差异等，对不同的学生采用不同的教育方法，做到"一把钥匙开一把锁"，努力保护和培养每个学生的自尊心，特别是对那些消极成员，教师应充分利用其情感归属性较强的心理特征，引导他们。将可能出现的问题行为内化到群体的教育之中，最终使学生能自己控制、调整自己的行为，以达到课堂教学的要求。

1.激发学生的学习动机和兴趣，促成学生的成功经验

研究表明，学生的学习动机越高，学习劲头越足，课堂问题行为就越少。为了激发学生的学习动机和兴趣，教师应为每个学生设立合理的教学内容和教学目标，过高的目标极易使学生因失败而产生挫败感，这样，他们便会对学习失去信心。同样，过低的目标也容易导致他们对学习厌倦、不感兴趣，缺乏学习动机，课堂问题行为就会随之而产生。因此，教师在教学时要充分考虑这一点，比如，在教学管理方式上，采取不同的态度，对动作迟缓的学生要经常给予帮助，不要打击他们参与活动的积极性；对内向的学生，不要使他们处于压力之下，给他们以安静和独处的空间，逐步帮助他们摆脱孤独、融于集体；对于过分活泼、难以自控的学生，要注意意志力的培养训练。在教学形式上，可以适当调整班

级原有结构，多采取小组学习的方式，使感到学习太难或太容易的学生都不会觉得被排斥在外；在学习目标确定上，不必整齐划一，要"因人定量"，根据学生的基础、能力等的差异，设计适合多数学生的发展水平，只要学生经过一定的努力就可以达到的目标。经常安排一些有目的的活动，并凭借课程、教材的催化，来帮助学生达到目标。这样，通过学生身体力行就能体验到成就感和价值感，可以激发他们的愉悦情绪，可以促进他们在学习上的进步，并逐渐养成他们对所学内容的兴趣，从而减少和避免产生厌烦、不安、急躁、发怒等课堂问题行为。

2. 明确学生的行为标准

明确学生的日常行为标准，是一种有效的先入为主法。教师在课堂教学管理前必须对什么是适当的行为、什么是不适当的行为有一个清楚的认识。当然，由于课堂教学形式的多样性和复杂性，对学生行为的要求是不同的，但必须明确学生在不同场合的行为标准，让每个学生都知道哪些行为可行，哪些行为不可行。这些行为标准的制定最好是在学期或学年初，通过与学生共同讨论的方式来确定。同时，教师应适时地将这些标准转化为课堂程序和常规，以形成学生的课堂行为规范。一旦形成了制度和规则，就要及时地、反复地巩固它，并不断地运用积极强化将学生的注意力集中到所期望的行为上。

3. 加强学生的自我控制能力

学生的自我控制能力不是生来就有的，而是在社会教育的作用下，逐步增强主体意识的结果。学生自我控制能力的培养，可通过目标自控、榜样自控、集体自控和契约自控等方式来实现，即当出现或可能出现问题行为时，通过目标的激励、榜样的仿效以及借助集体和契约的约束来预防或阻止问题行为的发生和继续，最终实现由他控到自控的转化。

（二）提高教师素质

消除或减少中小学生课堂问题行为的关键是提高教师素质，更新教师的教学观、学生观，改善教育的方法。

1. 更新教育观念

理念引导行动，只有观念正确，行为动作才不会出现偏差。在教育教学过程中，教师作为以培养学生为职责的专门教育工作者，始终处于教育者、领导者和组织者的地位，其观念如何将直接影响工作态度和方法。因此，教师应更新教育观念，树立正确的教育观、教学观和学生观。一方面，要摒弃以升学为中心的应试教育观，确立以提高全面素质为核心的素质教育观。不再以"分数"框套学生，重视学生的全面发展，能发现每个学生的发展优势和潜能，把教育看作把握学生发展方向的武器，采用启发、疏导的方式和鼓励的态度，坚持不懈地让所有学生的个性得到最大限度的发展。另一方面，要改变错误的教师观，树立正确的学生观。要摒弃教师中心论，正确认识学生的主体作用，认识到教学是师生双方双向的信息沟通和情感的交流过程，师生是平等、互动的关系，学生应主动地参与课堂教学活动，敢于同老师讨论问题、提出质疑，教师应充分尊重学生的自尊心、情感、需要、兴趣，为学生的全面发展创造一个宽松和谐的课堂环境和心理环境。教师应抛弃以往那种将课堂问题行为学生等同于差生或品行不良的学生的看法，要把他们看作需要帮助的"患者"，对他们持理解、宽容的态度，不焦虑、不生气，冷静分析其产生原因，恰当合理地解决其课堂问题行为，真正去关心、爱护、帮助他们，而不是忙于指责、批评。因为学生是积极主动的学习者，是充满活力的学习主体，具有很大的可塑性，所以教师应更多地反思自己的教学过程，尽可能减少课堂问题行为的发生。

2. 强化师德意识，善用关爱帮助学生

首先，要增强事业心、责任感。高尚的师德集中表现在坚定的事业心和高度的责任感上，它是驱使教师成长和发展的动力。教师有了强烈的事业心、责任感，才能自觉地对自己的教育行为进行比较、选择，找到正确的行为方式。其次，要增加爱生感。教师要做到严而有格，严而有度，严而有方，根除一切体罚，变相体罚、讽刺、挖苦等有损于学生人格尊严的不文明教育行为；关心、了解、尊重、爱护学生，创造民主、真诚、友爱的班级气氛，以一种坦诚的、可亲的态度接纳学生，倾听学生的心声，并给予及时而积极的反馈，减少学生在课堂教学过程中的紧张和焦虑。最后，要增强师表意识。教师应努力摒弃各种有损自身形象的言行，强化师表意识，提高师德情操。

3. 提高教学技能，增强教学魅力

枯燥无味的教学是造成学生厌恶学习、导致课堂失序的主要原因。教师应提高教学技能，优化教学行为，以生动有趣、活泼多元的方式引导学生学习。一方面，教师要加强理论学习，善于根据学生的接受能力和心理需求，加工教材，化繁为简，化难为易，采取学生易理解而又感兴趣的教学行为方式，使科学知识转化为学生可接受的知识；另一方面，教师要有效地设计和组织课堂教学活动，根据学生特点调整教学活动方式。尽量选取生动和形象的教学内容，注重运用比喻、设问等手法，使教学方法灵活多样，以此来感染学生，激发他们的求知欲。在课堂上始终精神饱满和满怀激情，让学生受到教师激情的感染。运用现代化的教学手段，尤其是多媒体教学手段，使学生产生身临其境的感觉，体会学习的轻松和愉快等。只要学生学习的积极性被调动起来，就会少发生或不发生课堂问题行为。

4. 变革课堂管理，善用激励引导学生

长期以来，有的教师在课堂管理过程中注重通过教师的权威实施课堂控制，这种权威式的教师控制往往只停留在表面，无法使学生心悦诚服，不仅达不到控制课堂的目的，反而破坏了师生之间的和谐，造成师生之间的冲突。因此，教师应摒弃过去那种角色与角色之间关系的课堂管理模式，建立新型的人与人之间关系的课堂管理模式，即"在管理议程上强调确立通常是遥远将来的管理方向和目标，并为实现远期目标制定进行变革的战略，在形式上通过言行将所确立的管理方向传达给学生，争取学生的合作与支持并形成影响力。在过程上注重激励和鼓舞，通过满足或唤起学生的需求，激励学生不断克服面临的各种障碍，在结果上表现为课堂的运动性和生长性"。心理学研究表明，行为一旦获得适当的强化，如赞许、表扬等，就会增加其强度，并逐渐巩固起来而成为牢固的良好习惯。如果学生在行为上表现良好，教师应该予以关注、赞赏和鼓励，激励学生进步，形成课堂中积极向上的气氛和专心投入的热情，这是很有效的策略。

5. 控制情绪，善用理智转变学生

无论什么课堂，问题行为都是难以避免的。当学生出现课堂问题行为时，教师既不可置之不理，也不可急躁武断，而应选择有效方法及时恰当地处理问题行为。教师要学会管理自己的情绪，不可把消极的情绪带到课堂上，更不可把课堂作为个人怨气或不满的发泄场所。教师上课之前，除了做物质上、思想上的准备，还应做好情绪上的准备，把个人烦恼或怨气消除在登上讲台之前，不让消极的情绪影响学生，影响课堂气氛。当课堂气氛沉闷，学生注意力下降，产生问题行为时，教师可使用轻松幽默的语言来调节气氛和提示学生，以纠正已有的问题行为。当学生故意对师生采取敌视、挑衅的行为时，教师不能把违纪学生推向大家注意力的中心，这样只会使课堂纪律更加混乱。此时，教师要控制自己的情绪，既不能采取训斥、辱骂和体罚或变相体罚等粗暴的方式，也不宜过多追问违纪的原因，而是需要用理性去引导，不要将事态扩大，可在下课后再对学生进行教育。

6. 掌握师生沟通的艺术，建立良好的师生关系

学校里所涉及的所有工作，都是在师生关系中进行的。良好的师生关系是教育产生效能的关键。而教师只有懂得如何与学生沟通，懂得如何去满足学生的需要，并引导学生懂得如何来满足自己的需要，师生间才能建立起相互信任、尊重，彼此接纳、理解的关系，教育活动也才能使学生产生兴趣和接受性。为此，教师在课堂沟通中应常用幽默、委婉、含蓄、反语等技巧，以缓解学生和教师之间的紧张感，创建轻松课堂氛围，消除学生的紧张情绪，促使学生更好地理解教师，缩短教师和学生间的心理距离。与此同时，课堂中除了言语的交流，还存在非言语交流，如教师的行为举止、声调语气、身体语言、面部表情、空间距离等。因此，教师注意研究自己的教学神态、举止等，借以调动学生的学习积极性，减少课堂问题行为的出现。在组织课堂讨论时，教师应注意：提出的问题难度要适中，以便让大多数学生有发言权；鼓励学生各抒己见，畅所欲言，寻求各种可能的答案，在讨论过程中，教师不应居高临下，而应作为集体成员参与中；对学生的讨论应及时做出评价或引导，发挥教师启发者、引导者、协调者的作用。

（三）优化育人环境

学生课堂行为与其所处环境直接相关，教学实践表明，育人环境如

果不能满足学生的心理需要，就容易造成学生出现消极的学习态度和惹事生非的行为。良好的课堂环境不仅可以减少产生问题行为的可能性，而且可以消解许多潜在的问题行为。良好课堂环境的建设主要涉及良好班风、学风的培养和教室环境的布置与管理。因此，要有效达到课堂目标，就必须优化课堂教学环境，包括物质环境和心理环境。

1. 保持建设性的课堂物质环境

课堂物质环境不仅直接影响学生的行为，也会因影响身处其间的教师或他人而间接地影响学生。教室是教师和学生共同活动的主要场所，也是学校进行教育活动的主要场所。教学实践和心理学证明：整齐、清洁、优雅、宁静的教室，使人心情舒畅，精神振奋；而肮脏、呆板、杂乱的教室使人倦怠、厌烦；富于变化和切合学生特点的教室布置和座位安排，有助于教师更好开展教学工作，提高课堂教学效率。教师可以通过控制教室的风貌、安排教室内的情境来诱导学生表现适合的行为，降低问题行为发生的可能。

首先，从学校大环境来说，校舍布局应规范合理、整洁卫生；从小的方面来看，教师应注意教学空间的安排，保持课堂的整洁、秩序和优雅，一切设计都要考虑到方便教学活动。在我国现有课堂班级较大的情况下，应注意妥善安排桌椅，保持行间畅通，教学器材、设备都应维持良好的备用状态，还要有良好的照明、通风和防噪音效果。教室的墙壁最好是白色、淡蓝或淡绿色，使教室显得素净淡雅，墙面装饰要简洁、朴素，色彩搭配要和谐。走廊的墙壁可以挂些古今中外著名学者、科学家的照片或画像等。

其次，要科学合理地安排学生的座次，必须打破按高矮次序或学习成绩排位的简单方式，代之以综合考虑学生的生理特点、个性特长、学习习惯、行为特征、同伴关系等多种因素，做到优劣搭配、合理组织，达到以长补短、以优补劣、互相促进，而且要依据学生和学习目标的不同而选择适当的座位排列形式。

2. 善用心理环境熏陶学生

心理环境主要指人际环境、组织环境、情感环境和信息环境。要建立良好的课堂心理环境，就要加强校风、班风建设，建立和谐的师生关系，平等地对待学生，充分尊重学生，对学生充满爱心。

首先，加强校风、班风建设。班风是通过班集体而形成的，是班级中各个成员的精神风貌、学习态度及人际关系的总和，它的重要内容是学风，学风是指每个学生对学习意义的认识与主动参与学习的态度。良好的班风一旦形成，其作用表现为：它会对班级的每一个成员具有教育作用，能引导学生形成正确的是非观念；它会潜移默化地影响每一个学生，使个别行为偏差的学生在良好班风的感染下向着好的方面转化，遵守由集体促成的纪律；它还对学生具有约束作用，一旦有人想破坏，就会受到集体其他成员的谴责。班风的重要内容是学风，良好的学风会促进课堂教学质量的提高。可见，培养良好的班风、学风，对消除课堂问题行为会产生积极作用。因此，我们应加强校风、班风建设，把全班乃至全校学生的思想、行动统一到远大的理想目标上，使学校和班级形成既紧张又活泼的心理环境，学生愉快地学，教师愉快地教，课堂问题行为自然消除。

其次，要营造一个良好的课堂心理氛围。和谐的课堂氛围是课堂教学适宜的心理环境的体现，也是预防和控制课堂问题行为的基本条件。有学者将课堂气氛比作课堂中弥漫的一股"感觉乐音"。刺耳的"感觉乐音"压抑学生的学习，学生因此讨厌老师和学校，并引发种种问题行为，而悦耳的"感觉乐音"能鼓舞学生在充满喜悦与成就的心情中学习。因此，作为课堂气氛营造者的教师要努力塑造为学生所喜爱的形象，尊重、信任学生，激发学生积极的学习心向，重视班级凝聚力的形成，为学生创造悦耳的"感觉乐音"。

再次，培养和谐的师生关系。师生关系是培养良好行为的沃土。因此，教师要打破师生间仅仅是管理者和被管理者、教育者与被教育者关系的观念，要把学生真正纳入到一种平等、理解、双向的师生关系之中，把学生当作独立的主体，有人格尊严的人，尤其对有问题行为的学生要给予更多的关心和爱护，让其积极地参与课堂教学活动，在与教师的相互尊重、合作、信任中全面发展自己，获得成就感与生命价值的体验，并感受到人格的自主和尊严，积极培植教学相长、民主平等，互尊、互信、互爱的新型的师生关系。

最后，加强对问题行为学生的心理辅导。心理辅导主要是通过改变学生的认知、信念，价值观念和道德观念来改变学生外部行为的一种方法。不少课堂问题行为的产生是学生自我发展受到阻碍和压抑，个人对自我缺乏正确认识导致的。而心理辅导可以调整学生的自我意识，排除和转移阻碍个人发挥自我潜能的种种障碍，以及帮助学生正确认识和评价自己。实现自我认同和接纳，从而真正转变课堂问题行为，尤其是比较复杂的课堂问题行为，更需要进行心理辅导。良好的心理辅导有助于师生间的认知距离和情感距离的缩短。因此，教师在进行心理辅导时，先要尊重学生的认知和情感体验，信任和鼓励学生改正课堂问题行为，教师再引导学生真实地表达情感，积极进行心理疏导。

3. 强化社会教育

预防和矫正学生的课堂问题行为，不仅是教育部门和学校的职责，也是全社会的责任和义务。因此，全社会都要动员和行动起来，努力为青少年学生的健康发展提供一种优化的社会环境。首先，应加强社区教育，建立一个良好的社区环境，在有健全组织的社区中，开展丰富多彩的社区教育活动，丰富学生的课余生活，用积极健康的活动去陶冶他们的情操，使他们形成健康向上的思想和心理品质；其次，要过滤信息，加强文化市场管理，采取精选、净化、引导、禁止等多种方法，尽可能减少或消除电影、电视、书刊、图书等大众媒体对青少年学生的消极影响。同时，建立正确的社会舆论导向体系，利用大众媒体的作用对学生施加积极的影响；最后，加强整个社会的精神文明建设，优化社会的教育环境，培养学生自觉抵制不良影响的能力。

（四）加强学校和家庭的沟通，形成教育合力

学生课堂问题行为源于家庭，显现于学校，恶化于社会。因此，在矫正课堂问题行为时，家庭与学校一样负有重要的责任。作为第一任教师的家长，除了以身作则，对孩子进行潜移默化的教育外，还应热心参与学校教育，学习教育专业知识并尊重教师的意见。在与孩子保持亲密和谐的亲子关系下，对他们进行爱而有度、言而有信、自立自强的教育。而教师则要系统、有计划地与家长沟通，使家长成为可贵的资源。考夫曼等人认为，教师要想工作更有效果，就必须开发与学生家长工作的技能。

一方面，教师与家长沟通，可使教师获得更多的有用的信息，更能理解学生的课堂行为；另一方面，家长也能详细地了解教师和学校的教育意图，给学校提供更多的支持。因此，教师可以采用书面通知、电话、家访等方式，定期与家长联系。在与家长交流时，教师应利用自己的特殊身份、专业知识和丰富经验帮助家长形成正确的教育观念、态度，引导家长掌握科学、恰当的方式、方法，使家庭要求和学校教育达成一致。同时，有目的、有意识地对那些有消极教育观念、方式的家长进行引导，使他们逐渐改变不正确的观念、方式，而逐步接受、形成积极的教育观念与方法，从而减少或消除学校与家庭间在教育观念、教育实践行为中可能存在的不一致，强化学校教育与家庭教育的效应。当然，在与家长沟通时，应明白地表示教师的期待，切忌单纯数落学生的缺点，对于单亲家庭的学生或父母不在身边的学生，教师应给予更多的关怀、鼓励、接纳与支持，以正面态度培养他们自我肯定和解决问题的能力，只有这样，才能及时发觉问题行为产生的征兆，避免问题行为的发生。

然而，不管怎样预防，课堂问题行为的出现都是在所难免的。因此，一旦出现课堂问题行为，就必须予以及时矫正，否则这些问题行为将会扩展或蔓延，甚至引发其他课堂问题行为，造成意想不到的后果。

三、课堂问题行为矫正的步骤与方法

（一）课堂问题行为矫正的步骤

课堂问题行为矫正，是指系统地应用先前刺激和后果改变行为。具体而言，是指运用各种知识和方法，帮助学生认识自身的问题行为，从而加以改正并养成良好行为习惯的过程。课堂问题行为矫正的具体步骤主要包括：

（1）确定需要矫正的课堂问题行为与需要矫正的对象。

（2）制定矫正课堂问题行为的具体目标。对需要矫正的问题行为采用什么办法，分几步，达到什么目的，教师要有计划、有目标，不能盲目行事。

（3）教师要选择适当的强化物与强化时间。通过什么手段、用多长时间来对课堂问题行为进行矫正。

（4）排除维持或强化课堂问题行为的刺激。学生出现课堂问题行为是因为某人或某物或学生本身心理原因造成的，教师要排除这些不良刺激。

（5）以良好行为逐渐取代或消除课堂问题行为。

（二）课堂问题行为矫正的具体方法

（1）言语提示。教师在学生犯规之后，可及时给予言语提示，延缓的提示通常是无效的。提示应尽量使用积极的语言，避免消极的语言。

（2）非言语提示。包括目光接触、手势、身体靠近和触摸。而如果口头批评频繁则会影响管理的效果。

（3）表扬与不良行为相反的行为，使学生自觉向好的方向转变。

（4）故意忽视。学生中有些课堂问题行为的发生就是为了寻求教师的注意，此时，教师可有意地加以忽视，以避免增强学生的问题行为，学生会因此自觉没趣而改变其行为。

（5）要求答问。所提问题应恰当，即使学生没有听到前一个问题也要能够回答。这样他们就不会觉得尴尬，并停止对课堂的干扰。

（6）运用同伴团体的影响力。教师不是正确行为的唯一增强来源。在课堂中，班上其他学生都是有力的增强来源，所以教师要通过发挥团体作用的方式来确保所增强的行为能获得其他学生的认可。在课堂上，总有少数几个学生有顽固的问题行为，对他们采用个别行为纠正将更有效。对于班上有些学生的问题行为，尤其是受到同伴支持的行为问题，则可能需要全班行为矫正策略。在全班行为矫正中，所有学生的行为都以同一个规则受到强化。例如："如果所有同学都安静下来，我就讲故事。"当集体根据每个成员的行为而受到奖励，集体成员将彼此鼓励，以使集体获得奖励，它使得同伴支持不良行为转变为反对不良行为。

（7）适当运用惩罚。对于有些较严重而又确实难以制止的课堂问题行为，可适当运用一些惩罚措施。如果运用得当，亦可起到制止问题行为的作用。例如，让学生站几分钟、剥夺学生的某些权利、让学生放学留下等。使用这些方法时应注意，如果惩罚运用不当，不但不能制止问题行为，反而造成逆反或对抗性行为。因此，教师必须慎用惩罚。

总之，对于中小学课堂上出现的问题行为，教师既不可不闻不问，也不可急躁武断。教师要有耐心，把这些问题当作学生在生长过程中普遍会出现的一种现象，根据具体行为分析其产生的原因及后果，选择适宜的方式方法，并在实践中创造性地加以运用。同时，加强课堂管理的理论学习，使不利于课堂教学的问题行为减少，培养学生良好的学习习惯。

第六章

自主学习的课堂管理策略

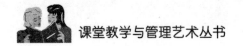

自主学习概述

"自主学习"是基础教育课程与教学改革的一个切入点和聚集点。培养学生具有自主学习的愿望、能力和方法，这不但是基础教育课程与教学改革的目标之一，而且是学校教育的理想和重要目标，还是构建终身学习社会的必然要求。自主学习对课堂管理提出了更高的要求，教师只有掌握自主学习的课堂管理原则及策略，才能更好地把握课堂，提高自主学习的实效，使自主学习真正落到实处。

课程与教学改革倡导的自主学习有其自身的特点和内在机制，教师只有正确理解和把握自主学习，才能转化为实际的教学行为，真正实现自主学习的价值。

一、自主学习的含义

与许多心理学概念一样，自主学习也是一个难下定义的概念。由于各学派研究者的理论立场和关注方面的不同，研究者对其内涵和外延各有侧重，难以统一。有的观点从参与学习的心理成分出发，通过学习者心理活动的组成要素来确定自主学习，突出了自我的作用以及"元"成分的功能，有利于抓住学习者在自主学习过程中的心理活动特点；有的观点从学习活动自身的构成要素角度来审视学习者的行为结果，在学习者与学习的内部和外部环境条件之间搭建平台，以几者交互作用程度的外在表现来确定自主学习，使自主学习的理论更加贴近教学实际；有的观点从自主学习的本质特点出发，将学习者的主体性发挥作为自主学习的依据，把自主学习的研究引导到哲学层面，这些观点大致有以下几类。

一种观点认为，自主学习是某些体现了个体能动性和积极性心理品质的集合，只要学习者在这些心理品质上的表现符合某种期望，这种学习就可以被认为是自主学习。

这是从参与学习的心理成分角度出发提出的观点，美国心理学家齐默尔曼是此种观点的代表。他于 1994 年提出了一个自主学习的理解框架（表 1）。

表 1　自主学习的理解维度

科学的问题	心理维度	任务条件	自主的实质	自主的信念和过程
1. 为什么	动机	选择参与	内在的或自我驱动的	自定目标、自我效能感、价值观、归因等
2. 怎么样	方法	控制方法	有计划的或习惯化的	策略使用、放松等
3. 何时	时间	控制时限	定时而有效的	时间计划和管理
4. 学什么	行为表现	控制行为	意识到行为和结果	自我监控、自我判断、行动控制、意志等
5. 在哪里	环境	控制物质环境	对物质环境的敏感和随机应变	环境的选择和营造
6. 与谁一起	社会性	控制社会环境	对社会环境的敏感和随机应变	选择榜样、寻求帮助等

在齐默尔曼看来，确定学生的学习是否自主，应该依据框架中的第三列，即任务条件。如果学生的学习动机是内在的或自我激发的，学习的方法是有计划的或经过练习已达到自动化的，学习的时间是定时而有效的；学生能够意识到学习的结果，并对学习过程做出自我监控，能够主动创造有利于学习的物质和社会环境，那么他的学习就是充分自主的。

受齐默尔曼的观点的启发，我国的一些研究者对自主学习有如下的理解及界定：

李波把自主学习界定为学生为了保证学习的成功、提高学习效果、达到学习目标，而在学习活动的全过程中，将自己正在进行的学习活动作为意识对象，不断对其进行积极自觉地计划、监察、检查、评价、反馈、控制和调节的过程。

肖川认为，自主学习也就是学生自我导向、自我激励、自我监控的学习方式。

周青等认为，自主学习一般是指学习者在确定学习目标、选择学习方法、监控学习过程、评价学习结果等方面进行自我设计、自我管理、自我调节、自我监控、自我判断、自我评价和自我转化的主动学习过程，是学习者对学习过程和内容的一种心理反应而形成的行为。

另一种观点认为，如果学习者在学习活动的各个组成部分的自主表现符合某种标准，只要其程度达到一定的条件，就可以称之为自主学习。

这是从学习活动本身的各个组成部分出发提出的观点。庞维国主张把自主学习从学习动机、学习内容、学习方法、学习时间、学习过程、学习结果、学习环境和学习的社会性八个维度来加以界定，认为当学生在上述八个维度上均能由自己做出选择或控制，其学习就被认为是自主的。也就是说，自主学习应该具备以下特征：学习动机是内在的或自我激发的；学习内容是自己选择的；学习方法由自己选择并能有效地加以利用；学习时间由自己进行计划和管理；对学习过程能够进行自我监控；对学习结果能够进行自我总结、评价，并据此进行自我强化；能够主动组织有利于学习的学习环境；遇到学习困难时能够主动寻求他人帮助。庞维国认为，自主学习就是建立在自我意识发展基础上的"能学"；建立在学生具有内在的学习动机基础上的"想学"；建立在学生掌握了一定的学习策略基础上的"会学"；建立在意志努力基础上的"坚持学"。自主学习不等于积极主动的学习，也不等于绝对独立的学习，它是一个相对的概念。

还有一种观点认为，从自主学习的名称出发，以自觉性、主动性作为界定自主学习的唯一标准。持这种观点的研究者认为，自主学习是指学习主体根据自己已有的知识基础、工作和家庭情况自觉地、独立地、主动地、灵活地、有选择地运用不同的方法、手段、方式、媒体去获取知识和技能的活动。自主学习强调学习是一个主动的过程，使学习者主动参与到学习中去，并且从个人方面体验到有能力来对待他的外部世界。

综上所述，我们认为自主学习是学生在教育者启发、指导下，充分发挥自己学习的主体作用，在学习的整个过程中对学习的各方面，包括学习情绪、学习策略、学习方法与技术等做出主动的调节、控制，从而完成学习任务的过程。

二、自主学习的特征

了解、认识自主学习的特征，对于准确理解自主学习是十分必要的，还可以帮助我们走出一些认识误区。这里，以国内学者的研究成果为基础，参考国外学者的有关研究，自主学习的特征可以概括为自主性、独立性、过程性、相对性和有效性。

1. 自主性

自主学习是针对学习活动中教师是教学的主宰，学生从属于教师的指挥，被动地在教学内容中按部就班进行发展的统一模式所提出来的，其根本目的在于改变这种不注重学生主体性的片面教学，主张学生积极主动地参与到教学中，根据自己的实际情况确定学习发展的步调、方向和程度。它表现为学生的学习是基于自身内在需要的驱动，积极、主动地从事和管理自己的学习活动，而不是在外界的各种压力和要求下被动地从事学习活动。如果学生学习是在外在压力、反感或排斥情况下的迫不得已，即使学习成绩再好，在学习中投入的精力再多，参与学习的心理成分再多，也不可能称之为自主学习。

2. 独立性

独立性是自主学习的核心品质，在学习活动中表现为"我能学"，每个学生都有表现自己独立学习能力的愿望，也都有相当强的独立学习的能力，他们在学校的整个学习过程其实也就是一个争取独立和日益独立的过程。在传统的教学中，我们往往低估或漠视了学生独立学习的能力，忽视或压抑了学生独立学习的欲望，从而导致学生独立性的不断丧失。

自主学习要求把学习建立在人的独立性一面上，要求学生尽量减少对教师和他人的依赖，由自己做出选择和控制，独立地开展学习活动。但是，学生学习的独立性有由教到学的过程，学生有从他主到自主、从依赖到逐步走向独立的发展过程。在此过程中，教师的"导"和学生的"学"是绝对不可缺少的。因此，教师要尊重和呵护学生的主体性和独立性，逐步培养学生独立学习和解决问题的能力。与此同时，教师也应重视学生发展中的个体差异性，要关注个性，因材施教，促进发展。

3. 过程性

自主学习要求学生对为什么学习、能否学习、学习什么、如何学习等问题有自觉的意识和反应。它突出的表现在学生对学习的自我计划、自我调整、自我指导、自我强化上。自主性的发挥是需要在学习活动的过程中加以体现。对于学习者来说，学习活动本身就是自主性能否成功发挥的媒介，因此自主学习的认识和评价不能离开学习活动，否则只能是空中楼阁。学习活动过程包括学习前的准备工作，学习进程中的信息加工，学习后的评价与反思等。即在学习活动之前，学生能够自己确定学习目标、制订学习计划、选择学习方法、做好学习准备；在学习活动中，能对自己的学习过程、学习状态、学习行为进行自我观察、自我审视、自我调节；在学习活动之后，能够对自己的学习结果进行自我检查、自我总结、自我评价和自我补救。自主性应该在各个阶段都能得以最充分的体现，但是在表现形式上可能有所不同。如果学习者在某个阶段上缺乏自主性，也不能称之为自主学习，因此自主学习是学习者在学习活动过程各个阶段自主性发挥的统合。

4. 相对性

自主学习的相对性是由学校教育的基本特点和学生身心发展规律所决定的。美国自主学习研究的著名专家齐默尔曼指出：在实际的学习情境中，完全自主的学习和完全不自主的学习都较少，多数学习介于这两极之间。也就是说，学生的学习在有些方面可能是自主的，而在另一些方面可能是不自主的。这是因为，就在校学生来讲，他们在学习的许多方面，如学习时间、学习内容等，都不可能完全由自己来决定，他们也不可能完全摆脱对教师的依赖。要分清学生在学习的哪些方面上是自主的，哪些方面上是不自主的，或者说学习的自主程度有多大，教师要做到这一点才可以针对学生学习的不同方面进行自主性的教育和培养。

5. 有效性

参与学习的学习者内部因素主要体现为各种心理成分的协同作用。学习者的自我认识、自我体验和自我控制将对自主学习的性质和方向起决定作用。没有正确的自我认识，缺乏自主学习的高峰体验，不能控制学习的目的性和方向性，就不可能有真正的自主学习。此外，这些心理成分还包括与心理过程紧密联系的认知、情感、意志活动，也含有与个性心理密切相关的个性心理倾向性和个性心理特征。学习者的兴趣、需要、动机、理想、信念、价值观等因素构成了激发自主学习的动力因素，对于能否维持自主学习的进行也发挥着积极的作用。而学习者的能力、气质、性格对于自主学习的速度、程度和质量也有十分重要的影响。

自主学习的出发点和目的是尽量协调好自己学习系统中各种因素的作用，使它们发挥出最佳效果，因此自主学习就是采取各种调控措施使自己的学习达到最优化的过程。一般说来，学习的自主水平越高，学习的过程也就越优化，学习效果也就越好。

三、自主学习的内部机制

从系统论的观点看，作为一种能力的自主学习本身是一个相对稳定的系统，有其内部结构和构成成分；作为一种过程的自主学习是动态的，有其先后执行的程序和子过程。国外研究者一般用自主学习模型来解释自主学习的构成成分和内在机制。目前，比较权威的自主学习心理机制模型主要有麦考姆斯的自主学习模型、齐默尔曼的自主学习模型、巴特勒和温内的自主学习模型，这些模型在一定程度上为我们展现了自主学习的系统结构。

1. 麦考姆斯的自主学习模型

麦考姆斯是自主学习现象学派的代表人物之一。1989年，他在《自主学习和学业成绩：一种现象学的观点》一文中，提出了一个自主学习的模型，对自主学习的自我系统的结构成分和过程成分的作用作了详细地描述。具体见图1。

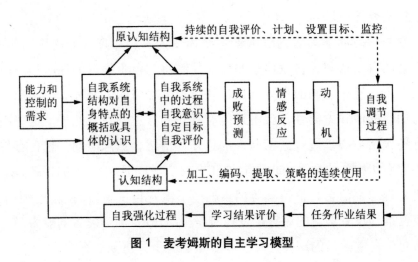

图1 麦考姆斯的自主学习模型

麦考姆斯认为：自主学习能力是自我系统发展的结果。自我系统有静态结构和动态过程两个方面：静态结构反映个体对自身的能力、价值、特点等相对稳定的认识，主要有自我概念、自我意象、自我价值等结构成分，这些成分在很大程度上决定了个体学习动机的强弱；动态过程是自我在具体情境中的动态反映，主要包括目标设置、自我控制、自我判断、自我评价、自我强化等成分过程，这些成分过程构成自主学习的基本特征。因此，自主学习可分为对信息加工、编码、提取的一般认知过程和对认知过程进行计划、控制和评价的原认知过程，自主学习正是在这两种过程的作用下实现的。

2. 齐默尔曼的自主学习模型

齐默尔曼的自主学习模型是以班杜拉的个人、行为、环境交互决定论以及自我调节思想为基础而提出的一个模型，如图2。

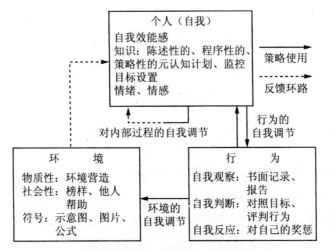

图2 齐默尔曼的自主学习模型

齐默尔曼认为，与其他形式的学习一样，自主学习要涉及自我、行为、环境三者之间的交互作用。自主学习者不仅能够对内在学习过程作出主动控制和调节，而且能够在外部反馈的基础上对学习的外在表现和学习环境作出主动监控和调节。就自主学习的内部心理过程来讲，可以按其发生顺序分为三个阶段，即计划阶段、行为或意志控制阶段和自我反思阶段。

在计划阶段，主要涉及任务分析过程和自我动机性信念两个方面。任务分析过程又包含两个子过程：目标设置与策略计划。前者指确定具体的、预期性的学习结果；后者指为完成学习目标而选择合适的学习策略。自我动机性信念是学习的内在动机性力量，是学习的原动力，对学习过程具有启动作用。它主要包含自我效能、结果预期、内在的兴趣或价值、目标定向等成分。

在行为或意志控制阶段，主要有自我控制和自我观察过程。自我控制过程帮助学习者把精力集中在学习任务上，它又包括自我指导、使用心理表象、集中注意、运用任务策略等过程。自我观察是指对学习行为的某些具体方面、条件以及进展的跟踪。准确、及时、全面的自我记录是自主学习者常用的有效自我观察手段。当自我观察不能对学习方向的偏离提供确切的说明时，个体还要启动自我实验过程，亦即通过系统地变换学习的过程、策略、条件等以求达到最终的学习目标。

在自我反思阶段主要涉及两个过程：自我判断和自我反应。自我判断又包含自我评价和归因分析两种过程。前者是指对学习结果与预期目标的一致程度以及学习结果的重要性的评判；后者是指对造成既定学习结果的原因进行分析，如较差的学习成绩是因为能力欠缺还是因为努力不够等。自我反应主要有两种形式，一是自我满意，这是基于对自己学习结果的积极评价而作出的反应。自主学习的学生把获得自我满意感看得比获得物质奖励更为重要；二是适应性或防御性反应，适应性反应是在学习失败后调整自己的学习形式以期在后继的学习中获得成功，防御性反应是为了避免进一步学习失败而消极地应付后续的学习任务。

尽管自主学习包含着复杂的结构和过程，但是在齐默尔曼看来，自我效能、目标设置、策略选择和运用、自我观察、自我评价等成分似乎更为重要，也更容易操纵，因此他主张侧重于对这些成分进行系统的理论和应用研究。

3. 巴特勒和温内的自主学习模型

20 世纪 90 年代，巴特勒和温内（Butler and winne，1995）提出了一个详尽的自主学习模型，从信息加工的角度来阐述自主学习的内在机制。具体内容见图 3：

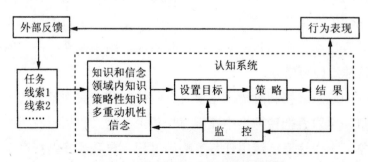

图 3　巴特勒和温内的自主学习模型

巴特勒和温内认为，一个完整的自主学习过程主要包括四个阶段，即任务界定阶段、目标设置和计划阶段、策略执行阶段和元认知阶段。在任务界定阶段，学习者利用已有的知识、信念对学习任务的特征和要求进行解释，明确学习的任务是什么以及完成这一任务有哪些有利和不利条件。影响这一过程的主要因素为领域内的知识、任务知识、策略知识和动机性信念。在目标设置和计划阶段，个体的主要任务是根据自己的标准和对学习任务的界定建构学习目标，制订学习计划，选择学习策略。在这一过程中，学生的自我效能感、目标定向、原认知水平起着最为重要的作用。学习目标的设置和计划确定以后，学生就要根据既定的学习目标和学习策略执行学习任务。在这一阶段，原认知监视和控制的作用最为突出。利用学习策略对学习任务进行加工，最后生成学习结果，学习就进入了原认知阶段。原认知对来自目标和当前学习情况信息进行比较，对学习的结果作出评估，然后把评估结果反馈到知识和信念、设置目标、选用策略等的过程，重新解释学习任务，调整学习目标，选择学习策略，有时会生成新的学习程序，最终获得与学习任务标准和要求相匹配的学习结果。

四、自主学习的价值

1. 自主学习是社会发展的迫切需要

在当今信息时代，由于科学技术的迅猛发展，知识激增的速度不断加快，学习成为人们的终身需要。国外研究表明，在农业经济时代，7 岁～14 岁接受的教育足以应付其后 40 年的工作和生活；在工业经济时代，人们求学的时间延伸为 5 岁～22 岁；而在当今知识经济时代，学习已成为人们的终身需要。在半个世纪之前，人们从大学毕业后，大约有 70％的所学知识一直可以在其退休前运用，而在当今时代，这个数字缩减为 2％。这意味着当今的大学生毕业后从事某项职业所需要的知识技能有 98％需要从社会这个大课堂中来获得。作为学生就应该不断学习，不仅接受教师传授的知识，而且更多应采用自主学习的方式充实自己，适应信息时代的要求。在 21 世纪，构筑终身教育和终身学习体系的主要教育教学手段将是现代远程教育。现代远程教育是随着计算机网络技术和多媒体技术等信息技术的发展而产生的一种新型教育方式，要求学生具有较强的自主学习能力。

2. 自主学习是教育改革的必然要求

时代要发展，教育要改革。新一轮的基础教育课程改革就是提倡以弘扬人的主体性、能动性、独立性为宗旨的自主学习。依照新的课程标准，教学目标与结果、教学对象、教学内容、教学方法与教学过程，以及教学评价都与以往的教学有不同的特点。在未来的教育中，自主学习能力既是重要的教育目标，也是学生获取知识、发展技能的重要条件和途径。

讲授式教学虽然有其合理的一面，但有一定的局限性。在典型的讲授式教学中，学生并没有得到多少自主学习策略的指导。有研究表明，直到高中阶段，我国学生的自主学习能力发展的总体水平都不高，各种自主学习能力的发展还很不平衡。目前，基础教育将不再把知识的传授作为自己的主要任务，而是把发展学生的能力、教会学生学习尤其是独立学习的能力作为首要目标，为继续学习和终身学习奠定基础。在教学手段上，计算机辅助教学的地位越来越重要。在教学评价上，能够发展学生的自我教育能力将是评价学校教育有效性的关键因素。

3. 自主学习是个体发展的重要基础

首先，自主学习能够提高学生在校学习的质量。研究表明，自主学习能力强的学生，其学习行为具有 5 个共同特征：①相信自己的学习目标和活动有价值；②认为学习对自己具有重要意义；③约束着自己去学习；④利用人力和物质资源；⑤产生的学习效果优于通常的学习成绩。那些在智力、社会环境和接受教育的质量等方面明显占优势的学生，学习失败的重要原因是缺乏自主性。

此外，自主学习是个体终身发展的基础。美国心理学家罗杰斯认为"人的学习应以自主学习的潜能发挥为基础"。自主学习是学生走出学校后所采用的主要学习方式，是个体发展的必备能力。无论是科技进步还是职业发展，都要求个体必须通过自主学习来不断掌握更新知识的技能，这样才能适应社会的发展，完善自己的生活。没有自主学习的能力，个体的毕生发展将受到极大的限制。因此，华罗庚告诫年轻人：每一个人都应该养成自主学习的习惯。没有自主学习的习惯，一出校门就很可能不知所措，将来就会一事无成。

自主学习的课堂管理原则

根据自主学习的特点，要充分体现自主学习的价值，教师在组织自主学习时就要遵循以下基本原则。

一、目标性原则

自主学习的课堂管理应当有正确而明晰的目标，它为教学目标的实现提供保证，最终指向教学目标。目标本身具有管理功能，直接影响和制约师生的课堂活动，能起积极的导向作用。并且，目标使学生成为积极的管理者和参与者，对于发挥学生自觉的求知热情，增强学生自我管理能力，也具有积极意义。

在教学过程中，教和学的活动首先要确定好准确适度的目标，使知识的难度恰好落在学生通过努力可以达到的潜在接受能力上，从而不断构建新的知识结构。在这种目标的适度要求下，教材的处理、教学方法的运用、教学过程的每一环节，都要体现学习目标。只有树立目标意识，教师的教和学生的学才会同步提高。

激发学生自主探求的兴趣和欲望，是构建自主学习课堂教学模式的核心要素。如果让学生根据自身的情况，在老师的帮助下确定对自己有意义的学习目标，自己确定学习进度，那么学生的学习兴趣肯定非常浓厚。要让每个学生在课堂中充分行使自己的权利，充分享受学习的乐趣，就要给学生自由选择的权利，为他们提供主动探究的空间。

二、自主性原则

人们常说:"教学有法,但无定法。"教学实践的特殊性要求教师必须具有创新意识,必须全面确立学生的主体地位,充分调动学生的积极性,注重学生个性的培养。现代教学理论认为学生是学习活动的主体,也就是要让学生自主学习。

在教学过程中,教师一方面要创造机会,乐于放手。要积极为学生提供自由思考的时间和机会,为全体学生创设一个主动探索的空间;另一方面要相信学生,敢于放手。学生是学习的主体,他们有自己的思维方式,有一定的知识积累,对一些知识的学习,学生独立或通过合作是能够解决的。教师要让学生在课堂有限的时间和空间内,多读、多说、多思,使学生真正成为课堂的主人。同时,大力创造学习的机会,学生能发现的教师不暗示,学生能叙述的教师不替代,学生能操作的教师不示范,学生能提问的教师不先问,使学生在力所能及的范围内"跳起来摘果子吃",让学生自主地运用所学去解决实际问题。教师的教学不是无目的地放手,当学生对知识不理解或操作不规范时,教师要加以引导。自主学习并不意味着只由学生自己学,教师要善于在方法上引导,在关键处点拨。

三、参与性原则

自主学习活动取得有效成果的前提就是全体学生的参加和全身心地投入学习。学生只有充分投入,积极参与,才能使自主学习成为可能。为此,自主学习的课堂管理要做到以下几个方面:一是教师应采取各种方法热情动员,关注全体学生,促进不同层次的学生都积极参与课堂教学;二是学生在自学活动中要做到观、读、思、做、算几方面有机地结合运用;三是要最大限度地把课堂教学的时间和空间交给学生,使学生真正参与课堂,成为课堂学习的中心和主体。

四、激励性原则

爱因斯坦说:"只有把学生的热情激发出来,那么学校规定的功课就会被当做礼物来接受。"因此在课堂管理时,教师要通过各种有效手段,最大限度地激发起学生内在的学习积极性和求知热情。激励原则要求教师在课堂上努力创设和谐的教学气氛,创造有利于学生思维、有利于教学顺利进行的民主氛围,而不应把学生在课堂上的紧张与畏惧看做管理能力强的表现。激励原则还要求教师在课堂管理中发扬教学民主,鼓励学生主动发问、质询和讨论,当然,贯彻激励原则并不排除严格要求和必要的批评。

浓厚的兴趣如磁石般吸引学生的注意力、思考力和想象力,促使他们去积极思考、主动探索。一个宽松和谐的教育教学氛围的形成,取决于教师的民主意识。培养学生的创造力,尤其需要民主的氛围和相对的空间。教师要努力创设一种允许学生有自由思考的时间,鼓励学生争辩、质疑、标新立异的教学氛围。

教学实践告诉我们,学生如果能在轻松、活跃、融洽的民主氛围中,勇于发现自我,表现自我,敢于发表自己的观点,便会逐渐成为具有大胆精神、个性丰富的人。因此,在课堂上,教师把自己视为学生的朋友、伙伴和领路人,而不是把自己作为一个"命令者""操纵者",这样才能创设一个适合学生个性发展的良好氛围,在这种民主和谐的氛围中,创造条件给每个学生提供表现个性、能力的舞台,让学生尽可能地参与教学过程,在活动的参与过程中发展其个性。

五、反馈性原则

运用信息反馈原理,对课堂管理进行主动而自觉的调节和修正,是反馈性原则的基本要求。在课堂教学中,教师应当不断分析把握教学目标与课堂管理现状之间存在的偏差,运用自己的教学机智,因势利导,确定课堂管理的各种新举措,作用于全班同学,善于在变化的教学过程

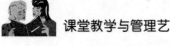

中寻求优化的管理对策，而不应拘泥于一成不变的管理方案。此外，应积极关注不同程度学生自主学习的完成情况，准确把握学生学习的反馈信息，并以此确定课堂指导的内容及策略，增强教师课堂指导的针对性及有效性，使学生的自主学习更为有效。

六、自控性原则

自主学习课堂管理要求学生自己管理自己的学习，不依赖外界来管理自己的学习活动，这是自主学习的又一个基本特征。自主学习课堂管理表现为学生对学习的自我计划、自我调整、自我指导、自我强化；教师一方面要强化学生的自我管理意识，让学生意识到自我管理的重要意义，引起学生对自我管理的认同；另一方面要逐步培养学生的调控能力和自我管理能力，这是促进学生自主学习的重要因素。

自主学习的课堂管理策略

课堂管理是指教师在教学活动中协调课堂内各种人际关系，吸引学生积极参与课堂活动，使课堂环境达到最优状态，从而实现教学目标的过程。课堂管理的根本目的是创设良好的学习环境和条件，促进学生有效地学习。有利于学生自主学习的课堂管理应该以满足学生的自主要求为切入口，以和谐的人际关系为基础，以学生的自我管理和自律为特征，以积极的师生对话为主要手段。为了促进学生的自主学习，教师可以采用以下课堂管理策略。

一、设置有利于学生自主学习的目标任务

1. 创设具有挑战性的目标

教学目标是教师进行教学活动的指南，在大多数情况下，教学目标由国家、学校或教师来确定，学生只能被动地接受这些目标。在这种情况下，如果教学目标设置不够合理，就会对学生的自主学习造成一定的

消极影响。因此，教师在设置学习目标时，应注意以下几个方面：

首先，教师应把提高学生自主学习能力设为最终目标，并在教学中有意识地强化学生自主学习的能力，将其作为教学目标的重要部分；其次，教师应设置明确、具体、适度的教学目标来引导学生进行自主学习，并促进学生对教学目标的认同。研究表明，具体的、近期的、能够完成而又有挑战性的学习目标更有助于促进学生的自主学习。研究者认为，具备这种特征的学习目标更容易让学生经常体验到成功，逐步增强对自己的学习能力的信心。教师要在课堂中经常设问，使学生始终沉浸在问题情境之中，获得自我探索、自我思考、自我表现的实践机会。目标的难度要适中，切合学生实际，使学生经过一番努力能够完成。太难会挫伤学生的学习积极性，太容易则不利于培养学生自主探索的精神。

此外，教师还可用灵活方式引导学生自主确立学习目标，体现目标确立的主动性、开放性和灵活性，使教学目标真正成为学生学习的要求和期望，起到激励学生去探究、去发现的作用。

2. 设置适当的学习任务

教育心理学告诉我们，学生的学习兴趣源自两种动力——内驱力和外驱力。在自主学习中，学习者对学习的需要主要源于已有的知识经验不足以解决面临的现实问题，为了解决面临的问题，学习者的学习积极性将被激发出来，形成学习的内部动机，这是一种积极、持久、力量强大的动机。在这种动机的激发下，学习者的自主学习行为才可以维持下去，也才可以根据自己的情况和外界变化对学习进行监督和调节。学生对知识的兴趣越强，学习的主动性、自觉性也就越强。因此，教师在组织学生"自主学习"时，应尽可能与学生协商学习任务，应给学生一定的选择空间，以提高学生的学习兴趣，激发学生学习的内部动机。

苏教版语文教材八年级下册《窗》教学片段

师：课前让大家预习课文，要求每人找出两三个疑难问题或最感兴趣的问题，你们准备好了吗？

生：准备好了。

师：好。下面我们先在小组内交流一下，各人依次把自己准备的问题提出来，大家帮助解决，然后把相同的问题合并，把大家认为没什么价值或已在小组内解决了的问题去掉，每个组集中两三个问题，在全班讨论，看哪个小组提出的问题最有价值。（学生按要求小组交流约5分钟。）

师：下面请各小组代表发言。

（各组代表发言，教师随时归纳，最后总结出全班学生都感兴趣的两个问题：为什么靠窗的病人会把窗外光秃秃的一堵墙描绘得那样美，而且每天都不一样？不靠窗的病人得到了靠窗的床位，如果病房里又进来了一位病人，他会怎样对待新来的病友？

以下的学习，学生围绕"人性"，紧扣文本，联系生活，对人物心灵进行了深入的剖析。具体过程略。）

上述案例中，教师没有按照传统的教法，从梳理情节入手分析人物，归纳主题，总结写作特点等，而是不惜花费一定的时间，与学生共同协商出大家感兴趣的直逼人物心灵的两个问题，并以此作为本堂课的学习任务。实际上，在这两个问题的产生和解答过程中，不但完成了传统教法所要解决的问题，而且还避免了对人物作简单图解，加深了对作品内涵的理解，学生的主体性也得到了充分的发挥。

二、进行有利于学生自主学习的教学设计

有利于学生自主学习的教学设计，应该凸显学生的自主学习过程，给学生充分的自主学习机会。把学生自己能够掌握的学习内容让学生通过自学、讨论先行解决，然后教师再针对学生不能掌握的内容进行重点讲解或指导。这样，学生在自学、讨论的过程中，可以充分发挥个体和集体的学习潜能，锻炼学生的自主学习能力。自学、讨论后不能解决的

问题也可以为教师的精解提供明确的依据。教师有针对性地重点讲解或指导，学生能够更好地获得问题解决策略。如图4：

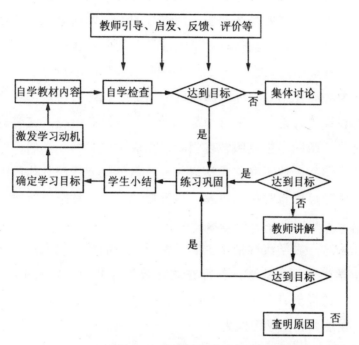

图4 "先学后讲"的教学基本模式教学流程图

从图中可以看出，有利于学生自主学习的教学流程主要包括确定学习目标、激发学习动机、自学教材内容、自学检查、集体讨论、教师讲解、练习巩固、学生小结等环节，这些环节构成流程图的主体部分。另外，还有教师指导、启发、反馈、评价这一模块，指在学生确定学习目标、自学教材内容、自学检查、集体讨论、练习巩固等环节时，教师主要起辅助、引导作用。

"先学后讲"的教学基本模式教学流程图的主体部分包含三个闭合的环路。第一个环路是由确定学习目标、激发学习动机、学生自主学习、自学检查、练习巩固、课堂小结等环节构成。它所表达的意思是，学生明确学习目标后通过自学就能够达到目标要求。显然，在这种情况下，学习的几个环节主要是由学生自己完成的，教师只起引导作用。

第二个环路在第一个环路的基础上增加了集体讨论这一环节。学生通过自学尚没有达到目标要求，但是通过集体讨论，解决了自学中的剩余问题。由于讨论主要是在学生之间进行的，因此在第二个环路中，与在第一个环路中一样，教师只对学生的学习起引导作用，学习主要是通过学生个人或集体完成的，学习的自主权还是在学生这一边。

第三个环路在第二个环路的基础上增加了教师讲解这一环节。学生通过自学和集体讨论后，仍有一部分学习问题没有解决，这时就需要教师进行讲解，帮助学生克服学习困难，完成学习目标。当然，如果通过教师讲解，学生仍然不能完成学习任务，教师就要查明具体原因，重新讲解，必要时可以暂时终止讲解。尽管如此，这一环路中所包含的多数环节仍然是主要依靠学生自己来完成的。

因此，这一教学流程把学生的学置于教学的核心地位，教学过程的多数是由学生自己来完成，教师在这些教学环节中主要起引导、点拨、反馈作用，这样更有利于给学生提供自主学习的机会，体现其学习的主体地位，发展其自主学习能力。

下面分别对各环节的要求予以说明。

1. 确定学习目标

在这一阶段，学生的主要任务是明确自己的学习目标，知道自己需要学什么，学习应达到什么标准以及如何达到这些标准。如果从严格意义上要求学生自主学习，学生的学习目标该由他们自己来制定。但是在学校教育条件下，由于学生在课堂上必须在规定的时间内完成教学大纲规定的学习任务，他们能够自由选择学习内容、确定学习目标的机会较少。在多数情况下，他们的学习目标还是要由教师来制定。

教师给学生制定的学习目标除了必须反映大纲的要求、体现出一节课学习的重点和难点，还要尽可能具体、明确，便于学生对照着学习目标自学。为了培养学生的自主学习能力，教师还要注意教会学生设置学习目标的方法。例如，把长远目标分解成具体的、近期的、可以完成的目标，如何围绕目标分配学习时间等。

2. 激发学习动机

严格地讲，激发学习动机并不是一个独立的教学环节，它应该贯穿教学过程的始终。如果教师在学生的学习过程中发现其进步，就应该对其给予表扬鼓励，激发他们进一步学习的兴趣和热情。在学习目标呈现之后的学习动机激发可以分两种形式：一是激发学生的好奇心，鼓励学生尝试自学。例如，教师可以这样引导："过去都是老师先讲同学们再学，这堂课老师先不讲，请同学们先自学，看看大家能不能学会。"这种形式一般适用于自主学习教学指导的初期。二是对学生的自学进步进行表扬，对他们具备的能力和努力的程度进行归因反馈。这种动机激发方法适用于自主学习的教学指导模式已试行了一段时间。例如，教师可以这样引导："老师发现，同学们都有很强的自学能力。通过努力自学，许多同学掌握了一些老师本来要讲的内容。即便是过去学习成绩稍落后的同学，经过这一阶段的自学也取得了很大的进步，希望同学们继续保持这种好习惯。"

3. 自学教材内容

确定了学习目标之后，就可以要求学生根据学习目标及其要求对课本内容进行自主学习。但是自主学习，并不是让学生简单地看看书，而是让学生先系统地学习课本的内容，它是学生独立地获取知识、习得基本技能的主要环节之一。在学生的自主学习过程中教师需要注意两点。

首先，要保证学生的自主学习时间。一般来说，在试行自主学习教学指导模式的初期，由于学生还没有完全适应，自学的能力和习惯没有形成和发展起来，给学生的自主学习时间要相对长一些；如果学生已习惯了这种教学模式，给他们的自主学习时间就可以相对短一些。如果教学内容相对少些或者是在低年级中，一般把自主学习的时间安排在课堂上。对初中生和高中生来讲，由于一节课包含的内容多一些，一般采用课外自学与课内自学相结合的方法。其次，在学生自主学习的过程中，教师要勤于巡视,及时给学生以个别指导。要对学生的积极表现给予强化,对那些消极应付学习的学生要批评、督促。为了避免试行自主学习教学指导模式给学生带来更大的分化,教师对后进生的个别指导要多一些。

4. 自学检查

自学检查的目的是检查学生的自学情况,为组织学生讨论和教师的重点讲解做准备。自学检查的有效形式是让学生做紧扣课本内容的练习题。通过做练习,教师可以及时掌握学生反馈的如下信息:

哪些学习目标已经完成,哪些还没有完成?

不同学习能力的学生分别能完成哪些学习目标?

练习中出现错误的原因在哪里?

5. 组织讨论

通过自学检查,一般可以发现,有些学习目标已经完成,有些还没有完成。这表现为有些练习题做对了,有些没有做对。这时候教师可以引导学生对练习结果进行讨论,力求通过集体讨论,使学生自己纠正、解答一部分没有做对的习题,进一步理解掌握学习内容。

根据已有的教学经验,学生讨论一般从评议练习题着手。在这一过程中,教师要引导学生讨论习题做对的道理以及做错的原因,把讨论引向深入。一般来说,正确运用一节课所学的知识、定理、规则、结论才能做对练习题。因此,讲出做对的道理就是解决了本节课的教学重点,容易做错的地方就是学生学习困难的地方。说出做错的原因,也就是突破了本节课的教学难点。这样的讨论,既解决了教学重点,又突破了教学的难点,是一种简便有效的教学方法。

6. 教师重点讲解

通过自学和讨论,有些学习内容和问题已经被学生掌握或解决,而有些内容可能还没有被学生理解、掌握,这时就需要教师对学生没有掌握的内容进行讲解。在学生自主学习的基础上进行的课堂讲解具有很强的针对性,是针对解惑的讲解,因此教师要精讲。

需要注意的一点是,有时候学生所学内容之间是一种极为严格的逻辑关系，即前面的学习内容是后面学习内容的先决条件，前面的内容不掌握，后继的学习就不能进行。这时候，教师的讲解就必须与自学检查、讨论交叉进行。也就是说，在每一项学习内容经过学生自学、讨论后，如果发现学生没有理解或掌握，教师就要进行讲解，为后面的学习扫除障碍，而不能等所有内容经过自学检查和讨论后再作讲解。

7. 练习巩固

如果学习目标设置得当，通过学生自学、讨论和教师讲解，大多数学生可以初步理解并掌握规定的学习内容。但是到这一阶段，学生还不能牢固地掌握和熟练地运用所学的知识、技能，有些学生看似掌握而实际上是机械模仿例题，并没有真正系统深入地理解所学内容，因此还要通过系统的练习来巩固所学知识。

在这一过程中，教师要注意设计好变式练习，引导学生学会概括和迁移。有时候可以设计一些难度较大的题目，让学习更深入。在练习的过程中，教师要视情况给学生以个别指导，尤其要给那些学习有困难的学生以指导。

通过递进式训练拓展学生思维

本节课我安排了几个层次的测评题，层层递进，不断拓展学生的思维。第一层次的测评题属于巩固性的：先让学生判断自己卡片上的数是质数还是合数，再让学生说一些数给同桌判断，互相检查。还让学生快速判断几个数是质数还是合数。通过这一层次的测评，巩固了所学的知识。第二层次的测评题属于运用性的：让学生制作50 以内质数表。通过这一层次的测评，提高了学生运用所学知识去解决问题的能力。第三层次的测评题属于深化性的，内容包括填空、选择、判断。通过这一层次的测评，提高了学生解题的灵活性，学生的思维能力也得到了提高。第四层次的测评属于拓展性的：我安排了三道题。第一道题是将合数写成几个质数相乘的形式，既让学生把质数与合数以一定的形式联系起来进行对比区别，加深对质数、合数的认识，又使学生对下一课的分解质因数问题有了感性接触，为其教学作了"孕伏"。第二道是判断127899872是质数还是合数，接着在此数末尾依次添上5和1，再让学生判断，使学生进一步认识到无论多大的数，都可以从质数、合数的概念出发，用是否能找到"第三个"约数的办法对其进行判断，从而引出关于"数学家已发现三十几万位的质数"的报道，拓宽学生的视野。第三道是通过录音播放哥德巴赫猜想，以此激发学生探索数学问题的兴趣。这样安排测评题，既拓展了学生的思维，又巩固了本课所学的内容，为后阶段的学习作了铺垫，并且引发了学生对新问题的思考和探究的兴趣，可谓一举而数得。

（案例出自于博白县博白镇第一小学关雁飞老师的论文《以自主为特征的学习方式》）

8.课堂小结

课堂小结的目的是对当堂所学的内容进行概括、归纳，使之系统化，作为一个有机的知识体系纳入学生的认知结构中。为了发展学生的自主学习能力，培养他们的独立总结和评价能力，课堂小结可以由学生进行，教师适当给予补充。课堂小结一般围绕着学习目标的完成情况来进行，要求简洁、全面，反映出学习的重点、难点和所学内容之间的逻辑关系。

三、创设有利于学生自主学习的课堂环境

（一）合理安排有助于学生自主学习的座位

课堂物质环境包括温度、光照、座位安排以及学生自主学习所需学习材料和学习设备等。其中，座位的安排对学生的自主学习影响较大，这是因为座位的摆放方式会影响到师生之间、同学之间的信息交流、学习互助，并关系到学生的自主学习是否有一个安静的学习环境。

教师对学生的座位安排主要有半圆式、分组式、剧院式、矩形式四种方式。四种方式各有其优势，教师可根据学生的特点、教学的方式和

班级纪律情况综合考虑决定采用何种座位安排。一般来说，分组式和矩形式更有利于学生的自主学习，因为自主学习需要同伴之间的合作互动。但是如果课堂纪律较差，采用半圆式或剧场式对学生的自主学习更为有利，因为这两种座位安置方法能够更好地避免学生的学习干扰。

（二）营造良好的课堂心理氛围

巴班斯基说："教师是否善于在上课时创设良好的氛围，有着重大的作用。有了这种良好的气氛，学生的学习活动就可进行得特别富有成效，可以发挥他们的最高水平。"现代心理学理论和教育理论也证明，学生如果在压抑、被动的氛围中学习，学习的主动性和积极性极易被抑制，其学习效率也必然是低下的。因此，教师应努力营造和谐的课堂心理氛围。

1. 建立相融、和谐的课堂人际关系

课堂中的人际关系影响到师生之间、生生之间的互动，影响到课堂气氛，对学生的自主学习也有着较大的影响。课堂人际关系主要有师生关系和同伴关系。根据林格伦的观点，师生关系主要有如图5所示的四种类型：（"O"表示学生）

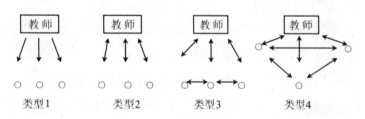

类型1　　　　类型2　　　　类型3　　　　类型4

图5　师生关系的类型

林格伦认为，在类型1中，师生的互动最差，教师与学生只有单向交往；在类型2中，师生之间虽有互动，但师生之间的关系不平等，学生之间也没有互动；在类型3中，生生、师生之间都有互动，但师生之间的交往地位并不平等；类型4是一种平等、交往的关系，只有这样，才能让学生进行主动、合作、自主探究式的学习。

有利于学生自主学习的课堂是以学生为中心的，而以学生为中心的课堂最为关键的特征是平等和谐的师生关系。当学生感到与教师之间关系相融、和谐，就会产生情绪的安全感，产生更强的自我效能感，从而提高学生自主学习的效率。因此，建立宽松、平等、和谐的新型师生关系，是促进学生自主学习的重要保障。自主学习要求教师对学生的态度不能居高临下，教师应作为"平等中的首席"对学生的自主学习进行有针对性的指导。

有利于学生自主学习的课堂还必须有良好的同伴关系。研究发现，人缘好的学生在课堂中是最受欢迎的，他们具有较高的安全感和自信心，更有积极的学习心理准备。因此，教师在构建良好的师生关系的同时还要关注生生关系的和谐。

2. 营造平等、尊重的课堂气氛

教师应实施民主的课堂管理，充分尊重学生。当学生能积极主动参与，提出独到的见解时，教师应予以肯定；而当学生遇到问题时，则要多给予帮助和鼓励。师生之间应彼此理解、信任和合作。

在传统教学中，教师一般在坚守标准答案的立场上审视学生的回答，而学生自己的思想往往被忽视，得不到真实指导，仿佛学生的回答只是满足教师教学环节的需要。因此，教师必须消除师道尊严的传统思想，真正把学生看作平等共同合作的伙伴予以尊重，注重学生的发展。特别是从教学语言上要注意多运用亲切鼓励的语言，如"请你来说""谢谢你，说得很正确、很清楚"等。对于学生提出的问题要认真回答，自己感觉没有把握的问题，敢于放下架子说："不知道，咱们共同研究吧。"在这样一个平等尊重的氛围中，学生的思维是放松的，乐于说和做，积极参与教学，也容易把新知识构建到自己的知识体系中。

3. 用激励提高学生的自我效能感

第斯多惠说过："教学的艺术不在于传授的本领，而在于激励、唤醒和鼓舞。"激励是激发人的动机、调动人的积极性的重要手段，也是心理教育的重要原则。行为科学的实验也证明：一个人在没有受到刺激的情况下，他的能力仅能发挥到20%～30%，如果受到充分激励，其能力就可能发挥到80%～90%，这充分说明运用激励机制是提高学生的自我效能感，促进学生进行自主学习的重要举措。

在教学中，不要轻易否定学生的成果，这样会给学生的心理带来不安全感和怕受批评、紧张的情绪，容易抑制学生学习的积极性。任何时候，教师都应及时鼓励学生："你真了不起！""你真不简单！"即使学生做得不够好，你也可以说："你做到这一步确实不容易，你已经努力了。"自信心是创造力的要素之一，教师这种激励性的语言无疑会增强学生的学习信心，有利于调动学习的主动性和积极性。此外，如果教师能够准确地把握每个学生的认知特征和人格特征，形成恰如其分的期望，那么这种期望就会产生巨大的力量，激发学生内在的潜能，并转化为积极实践的动力。

为了促进学生的自我管理、自主学习，我们应该鼓励学生进行相互激励和自我激励。例如：对于为学校、班级争得名誉的同学，要求全班同学向他祝贺，感谢他为学校、班级做出的贡献，同时要求他介绍自己的成功经验，鼓励同学们一同努力；对于学习取得明显进步的同学，要求同学们向他祝贺，同时要求他介绍自己取得进步的经过；对于课堂上回答问题积极的学生，要求同学们对他的回答做出积极评判；小组合作学习取得成功时，应以合作小组为奖励单位，而不是分别奖励个人，让小组成员在分享合作成果时相互激励。

当然，激励不仅要有恰当的内容，还要有灵活的表达。激励可以是正面的激励，也可以是十分得体的反面激励。抓住时机、采用恰当的形式、从关心学生发展的角度出发对学生的得体激励是促进学生自主学习的强大动力。

四、建立有利于学生自主学习的课堂准则

倡导学生自主学习、主动探究、张扬个性，并不是不要纪律和规范，合理的课堂准则，既是提高课堂教学效率的重要因素，也是培养学生良好自主学习习惯的重要途径。

（一）让学生参与课堂准则的制定

有的教师面对自主学习课堂教学组织形式的多样性，怕课堂出

"乱"，就制定烦锁的课堂规范，课堂组织按照教师的指令，并然有序地进行，这样就使整个课堂处于教师的严格控制之下。因为教师牢牢控制了课堂，学生的学习自主性势必受到制约，常常出现课堂讨论不到位，活动放不开手脚等现象。在这样的课堂中，学生只有机械地讨论和活动，讨论不到位，活动不充分，思维不深入，使师生之间不能真正达到情感互动和思维碰撞。正因为烦锁和严格的课堂管理规范的存在，才在无形中给学生布下了条条框框，束缚了学生的手脚，课堂目标的落实势必成了一句空话。

学生自主选择的方面越多，责任感就会越强，就会把更多的精力投入学习活动中。教师应在学习内容、教学程序、学习评价、纪律等多个方面给予学生选择的机会：听取学生的反馈，让学生提出必要的修改建议，根据学生的反馈意见来改善自己的教学与管理。与学生一起制定课堂规范，并要求学生反思需要制定的这些规则的原因，当学生参与到课堂规范的制定后，他们会更愿意遵守这些规范。在课堂上采用以学生为主导的学习活动，教师讲解、合作学习、独立做作业、集体讨论、表演等多种学习方式，能够使课堂变得生动活泼，更好地激励学生自主学习。让学生进行自我评价，对自己的学习进行反省，不仅会使他们对自己的学习产生一种责任意识，而且还会使学生持续不断地关注自己的学习成效。

（二）建立以自我管理为特征的课堂准则

自我管理是一种帮助学生有效地跟踪和改变自己课堂行为的方法。它包括自我评估、自我记录、自我评价、自我监控和自我指导等。自主学习能否收到良好的效果，有赖于学生在学习过程中自我管理能力的高低。教师要提高学生的主体参与意识，培养学生的自主管理能力。在课堂管理中，教师要尊重学生学习的自主权，对学生的学习进行有效的指导，让学生参与课堂管理，让学生认识到学习是自己的事，课堂的管理也是自我的管理，学生本人也是课堂的管理者。

教会学生自我管理，可以使教师将更多的时间用于教学，而将更少的时间用于管理学生的问题行为。更为重要的是，这种技能一旦获得，学生可以终生受用。可以说，学生自我管理是课堂教学管理的最高境界和归宿。

学生在课堂上的自我管理，表现在心理活动上有以下几个方面：学生能够自我认识、自我分析、自我评价，既能发现自己的长处，也能看到自己的不足，不断提高自觉性；能够自我体验、自我激励、自我克制和自我调节，不断提高情感的自控力；能够自我监督、自我约束和自我磨练，不断提高战胜自己的能力；能够自我计划、自我检查和自我提醒，不断提高自立、自强能力；能够自我反思、自我感悟，自主维持课堂纪律，自觉解决课堂出现的问题，实现师生对课堂管理权的分享。

（三）提高学生的意志控制水平

意志控制是以考诺为代表的意志学派极为强调的一种自主学习品质。他们认为，在学习的过程中，学生难免会遇到这样那样的学习困难和干扰，如一时难以理解的问题、身心的疲劳、情绪的烦恼和外界因素的干扰等，这时候就需要学生用意志来控制自己，不断坚持学习坚持。

意志控制在自主学习过程中所起的作用不同于学习动机。一般来说，学生在学习之初都具有一定的学习动机，但是随着学习的进行、学习困难的增加，学习动机的推动作用会逐渐减弱，而使学习得以坚持的力量是意志控制成分。换言之，学习动机对自主学习具有更强的启动作用，意志控制对自主学习具有更强的维持功能。因此，再强的学习动机也无法取代意志控制在自主学习过程中的作用。正是有了较强的意志控制能力，自主学习的学生才能够顽强地克服学习过程中的困难、排除学习的外界干扰，实现自己的学习目标。

五、把握有利于学生自主学习的指导策略

（一）逐步完善学生的学习能力

在学习的过程中，学习能力是顺利完成学习任务的内隐的个性心理特征，它主要是通过学习策略表现出来的。学习者的学习策略可以分为三类：与具体学习行为有关的策略、与元认知有关的策略以及资源管理策略。具体学习策略指的是在从事某个学科学习时为了经济、效率和成果最大化而采取的个性化学习措施或策略，如记笔记策略、辅助线策略、

记忆策略等，如果学习者没有掌握这样的策略，学习将事倍功半，难有成功体验，也就难以坚持自主学习。元认知策略属于一般学习策略的范畴，不管什么样的学习都需要元认知的参与，需要对学习进行调节和监督，需要对认知活动的进程进行监控，表现为学习者在一定目的指引下的计划、检查、反思等，它最能体现自主学习的特色。资源管理策略是辅助性质的学习策略，它主要是对时间资源、外界智力资源、信息资源等的利用和掌握。在学习活动中，学生必须"能学"，才可能主动自觉地学。因此，教师应引导学生自主学习，逐步提高学生的学习能力，为学生的自主学习奠定坚实的基础。

（二）给学生适当的自主学习的时间和空间

培养学生自主学习能力，应保证学生自主学习的时间。教师要牢固树立"课堂是属于学生的"这一教育理念，把学习的时间真正还给学生。

要让学生自主学习，就要给予学生自主思维的空间。教师要摆正自己的位置，把自身角色定位于学生的合作者、鼓励者、引导者。要摒弃将现成知识、结论灌输给学生的做法，充分考虑到学生主动发展的需要，设计弹性化的、有一定空间和思维度的课堂问题，让学生去自主感悟、比较、体验。同时，教师要注意运用延迟评价，启发学生做充分的、广泛的思考，为学生个性的发展及进行创造性学习提供条件。在江苏某校采取的"先学后教，当堂训练"教学策略，教学全过程都是开放的。课堂上，学生自己去学、去积极思考，教师只是"向导""路标"，只起"引路""架桥"的作用，只为学生在自学、讨论、答疑中当"顾问"和"参谋"，学生的思维空间得到了最大的拓展。

学生自主学习，表达与交流的时间比以往多了许多，时间的冲突越来越突出。经常听到老师抱怨："时间不够！"我在"花的结构"一课的教学中也出现了这一问题。一开始我只是简单地认为也许是学生找花的结构速度慢了些，导致培养学生创新能力的环节——制作花贴图由于时间的关系草草收场。各小组的成员也因为时间仓促，准备不够充分，不敢将自己的作品展示出来。听课教师的一席话惊醒了我:"这节课最大的教学冲突就是时间!"是啊,究竟是时间不够,还是教师作为引导者没有舍得牺牲自己的教学时间为学生创造机会,放手让他们在充足的时间亲自去发现尽可能多的东西。于是,我进行了二次设计,把制作花贴图之后的环节——想一想:哪朵花能结果实?放到了下一节"果实的形成"作为引入。把这一环节的时间留给学生进行花贴图的展示和交流。这样变动后,我又上了一节课,学生们由于时间充裕,贴图更加精美而且富有创意。《大眼睛蜻蜓》《迷人的西班牙女郎》《美丽的孔雀》……甚至有些小组还为自己的贴图赋予了很深的寓意,认为这只美丽的孔雀代表我们全班同学,充满了活力,散发出美丽的光芒!

学生与教师的世界是不一样的,他们有着孩子的视角,与教师有着不一样的知识背景与思考角度。教学时要尊重学生独特的感受,不能以教师的感受来代替学生的想法,宁可在时间和空间上放手,多创造自主学习的机会,为学生学习搭建"脚手架",而不是放置"绊脚石"!

(案例出自柳州市二十八中覃颖懿老师的论文《学会放手让学生自主学习》)

(三)善于诱导和启发学生

在自主学习过程中,教师应注意"导而弗牵",就是教师要善于诱导,但不要牵着学生的鼻子走。这一策略,是实施自主学习的最重要、最根本的教学取向。它是指教师要善于诱导和启发,培养学生的自学能力,达到"疑难能自决,是非能自辨,斗争能自奋,高精能自探"的主动境界。当然,自主学习不是立刻让学生自己学,自主学习能力也不是生而有之的,要有个由教到学的过程。所以,自主学习不是否定教师的作用,而是对教师的"教"提出了更高的要求。为此,教师要更新教学观念,尊重学生的主体地位,要教给学生自主学习的本领,随时减轻学生的依赖性。

在教了一首诗歌后,给学生布置了一个家庭作业:不抄词语不背书，回去翻翻报刊，找一首自己最喜欢的儿童诗，活动课里开个"儿童诗'展销会'"。想当"老板"的必须做好三件事：①能有感情地朗读这首诗；②能说出诗歌的意思；③能说出一两点写得好的地方。结果，学生的参与热情极高。"展销会"开张，家庭作业完成率100%。有的把自己选的诗抄上了黑板，有的用复写纸抄写好散发给学生，有的甚至自己用电脑打印后分给同学。学生的学习能力也得到了很好的锻炼：朗读，有声有色；表达，各抒己见，甚至引起激烈的争论。

我欣喜，我欣赏，却不忘颠簸、引导、激励……

一首题为《叶的轮回》的诗：红的叶子，黄的叶子，招一招手，就随秋叶漫游。它们翻飞、嬉戏着，围绕着一棵棵大树，跳着秋天的环舞。秋雨连绵，落叶翩翩，渐渐融进泥土，开始新生的冬眠。当春天来临，枝头又绽出嫩绿，在叶子的轮回中，大树又多了一圈年轮。

A：我问：为什么喜欢这首诗？

推荐它的"老板"：写了秋天的景色。最后还写了春天。

B：不对，不是写景，应该是状物，写的是叶子，写叶子的一生。

C：我想，也不完全是状物，应该说是借物抒情。

我笑了，问：抒发什么感情？

沉默。接着，又沸腾。

D：歌颂，赞美。

E：歌颂赞美什么呢？空话。应该是歌颂叶子的乐观精神。瞧它被吹落在地还高高兴兴的呢。

F：我觉得……应该还有……那个……

我望着词不达意的他，鼓励道：对，是应该还有"那个"，但"那个"是什么呢？

沉默。终于，G来不及举手就喊出了声：奉献精神！它融进了泥土，给明年的嫩叶当肥料呢！

H：叶子就像老师，献出了自己，培养了我们。

我没顺水推舟，笑眯眯地似乎恍然大悟：哦！原来这首诗是专门写给我们老师的！

又沉默。终于，又"哗"一下开了锅。学生七嘴八舌，却众口一词：除了老师，对所有做出奉献的人，都能唱这首歌！

我转了话题：诗里，哪些地方写得好？

一阵"嗡嗡"的投入朗读声。接着，小手如林。

I：拟人，把叶子当做人来写，"招手""嬉戏""跳舞"，把叶子写活了。

J：用词真好！叶子死了，不用"死"字，用"融进"，用"冬眠"；写春天长出新叶，用"绽出"，生命力旺盛呢！

K：押韵，"手、游""树、舞""眠、迁、绵"，读起来可好听了！
……

课后，我思考：

课堂上，我是否无所事事了？否。我定下了整节课的学习指向，创设了良好的学习氛围，即时对学生阶段性的学习结果做出反馈，适时把学生的思路导向预期目标。我煞费苦心呢！

课堂上，对学生是否放任自流了？否。他们课前大量寻找、抄录、练读、思考，把握了学习内容的自主权；讨论时思维敏捷、畅所欲言，表现了思维的空前活跃；最终把众多的美文从思想内容到语言文字铭记心中做了积累，他们的收获可喜呢！

（案例出自于王祖浩主编的《特级教师教学案例集录》一书中杭州董承英老师的教学实录）

在自主学习过程中，教师应把握好"扶"与"放"的度。明确"扶"是为了"放"，是为了教学生学会学习，培养自学能力，明确这一点至关重要。在边扶边放的过程中，学生跌跌撞撞，甚至摔跤，那也属于正常现象。这时，教师要给学生以信心，鼓励学生继续自己"走"，减少对教师或他人的依赖，坚持自己独立地进行学习。学生自主学习能力的发展过程，具有明显的学段特点，教师应根据不同学段学生的特点，确定扶与放的度。

学生开展"自主学习"活动，离不开教师的诱导和启发，这种诱导和启发应体现在教学的全过程中。

（1）起始阶段，应以明确的学习任务作为启动和组织学生"自主学习"活动的操作把手，使学生明确"学什么""学到什么程度"。

所谓明确的学习任务，必须是具体的、可操作的，并且是可把握、可评价的学习行为，而不能是笼统的、模糊的、不可操作更无法评价的术语概念。

（2）在自学过程中，要努力创设以问题为核心的学习情境，引导学生对学习材料不断进行精加工、深加工。应善于将学习任务转化为一个饶有情趣并具有较大思维负荷的问题情境或活动情境，使学生能在完成认知任务的同时发展自己的自学能力并得到情感上的满足。

（3）组织有效评价，使学生知道自己的学习结果并及时反思。

在"自主学习"中，学生在教师指导下，仅知道了"学什么""怎样学"还不够，还必须知道自己学得怎么样，学到了什么水平，这就有赖于教师组织学生展开充分的有效的评价活动。在评价中，应尽量组织全体学生积极参与，避免只与少数估等生对话；应以学生的自评互评为主，避免教师的"一言堂"；应充分展开学习的过程，避免简单的肯定和否定；要注意适度的激励，既不要挫伤学生也不要廉价表扬。需要强调的是，教师要注意评价的全面性，即不仅要重视学业结果的评价，也必须要重视学生学习品质的评价，以充分体现新课程提倡的知识与能力、过程与方法、情感态度与价值观的统一的理念。一般来说，在课堂教学中，对学生"自主学习"品质的评价，可围绕其外显行为特征展开。比如，是否能积极参与？是否能独立思考？是否能自主选择？是否能自由表达？是否善于探究？是否富于想象？是否敢于否定？是否有浓厚的兴趣等。在评价的同时，还要善于引导学生进行及时的反思，强化正确的思考过程，纠正错误的思维习惯，以逐渐改善自己的学习策略。

如何构建班队工作管理机制

班级常规管理是一项整体的育人工程。只有把学生的积极因素充分调动起来形成合力，共同构筑学生自我管理机制，才能更好地建设优秀班集体。因此，构建学生自我管理机制，为学生设置多种岗位，让每个学生都有机会上岗"施政"，有服务同学、锻炼自己、表现自己、提高自己的机会是非常重要的。

一、班队干部选拔制

为了使更多的学生有当班干部的机会，让每一个学生都相信"我能行"，同时也能时时督促班干部把事情做好，教师可采取班干部定期轮换制。班干部从学生中间选举产生，由学生自我推荐，并进行竞选演讲，再由学生无记名投票民主选举，组建班委会。一学期轮换一次，如果成绩突出，可连任一届。班干部的产生有广泛的群众基础，因而能够得到大家的拥护，班干部又得时时告诫自己必须努力工作，发挥带头作用，否则就会被淘汰。这样，班干部就能保持活力和先进性，使班集体走上良性发展的道路。

二、建立值日班长制

按学号轮流来当值日班长，班级中的一些日常工作由值日班长全权负责，常务班长协助。值日班长负责检查当天的卫生、纪律……督促每一名同学做好自己的分内工作，检查班干部的工作情况。这能够极大地激发学生的主动性，锻炼学生的能力，促使学生的自我管理得到加强，班集体内部也更加团结。

三、班级工作责任制

要调动每个学生的积极性，就要使每个学生都能够在班级中找到一个合适的位置，担负一项具体的工作，人人都有机会为集体做贡献，人人都能意识到自己是班集体中不可缺少的一员。可以在班级管理中建立起一套"事事有人干，人人有事干"的制度，它包括班干部管理制度、值日生管理制度和任务承包责任制等。在这种广泛的参与过程中，学生在集体中找到了自己的"位置"，增强了责任意识。

走进学生自我管理的班级，也许你会感觉教室布置不那么美观，墙上的张贴物还有些东倒西歪。然而，这些都是学生在班干部的带领下，自己动手做的，虽然在外人看来也许并不美，但在他们眼里却是那么美，因为那是他们自己的作品。

如何创建优秀班级

班级是一个学校教育和管理的基本单位。一个良好的班集体对每个学生的健康发展有着非常重要的作用。只要班主任协同每位任课教师深入细致地工作，阳光雨露就会渗入每个学生的心田，一个优秀的班级就会建立起来。

一、开学初做好三件事

当新学期开始，班主任就可以在始业教育中安排下面三个活动。

首先，学生自我介绍。给每个同学一分钟的时间上讲台作自我介绍，班主任认真听取学生的介绍，从中了解学生，了解班级。其次，竞选班干部。开学以后，给每位同学布置一个任务，帮助老师在班里找到能担任班干部的人才，也可以自荐。这一活动使学生积极参与到班级活动中来，为班级工作出谋划策，培养学生的主人翁意识。最后，确立班集体的奋斗目标。班主任从接手班级开始，就要利用各种途径进行摸底调查，和学生促膝谈心，尽快熟悉本班的情况，然后制定符合本班学生思想、学习、生活实际的奋斗目标。在实现班集体奋斗目标的过程中，要注意充分发挥班集体中每个成员的积极性，使实现目标的过程成为教育与自我教育的过程。如一年级学生好动，纪律意识淡薄，就可以制定近期目标加强学生纪律教育和日常行为规范教育。

二、加强学生的思想教育工作

成人比成才更重要，要培养对社会有用的人，学生要成为建设祖国的栋梁，要成为对社会有用的人，必须要有强烈的社会责任感，积极向上的团队合作精神，丰富的科学文化知识以及健康的身体和心理。班主任可以利用每天的晨会课对学生进行思想教育，提高学生的思想觉悟，还可以要求学生选择、确定好专题，自主开展一些专题性的活动，如学习经验交流会，意志教育，如何做时间的主人，习惯养成教育，等等。

三、发挥班委的带头作用

"抓在细微处，落在实效中"，班主任工作只有细致入微，才能使班级管理见成效，而在细致管理基础上还应充分发挥民主，发挥班委的带头作用。例如，在班内实行"分级管理制"：一级管理，六名班委，负责全班各项工作的监督总结；二级管理，大组长，分管各组的学习和卫生；三级管理，课代表，负责各学科的学习情况，辅助任课教师做好工作；四级管理，值日生，负责班内当天各项小范围工作，如打扫卫生、关门窗、关电风扇、电灯等。要把班内大大小小的工作都落实到学生，使每个学生都成为班内的小主人。此外，还可在班里设立班主任信箱，让学生把班里当天的学习、纪律情况记下来，放在里面，班主任就能及时发现问题并采取相应措施。

四、注重师生的情感交流

没有交流，就没有教育，就没有感悟，就没有情感。班主任要走进学生的内心世界，和每一个学生成为朋友。可以利用课间午休时间和学生一起做游戏、聊天；学生病了，去看望他，帮他补课；学生吵架了，给他们讲故事，使他们懂得友谊的珍贵。

五、积极开展有意义的文体活动

有意义的文体活动能发挥寓教于乐的功能，班主任要积极组织、参与学校各项有意义的活动，在活动中，促进学生相互关心，相互合作。除了一课（体育课）两操（课间操、眼保健操），还可根据年级的特点，自己组织一些活动。如拔河比赛、运动会等，以增强学生集体主义观念；可通过"祖国在我心中"的诗歌朗诵活动，"在祖国版图上"的知识竞赛活动等，培养学生的爱国主义精神；可以进行踏青、远足等活动，并在活动中渗透教育。

班主任工作是富有挑战性的工作，班主任要用个人的人格魅力征服学生；要用自己的热情和朝气去感染学生；要用智慧和学识去教育学生。

如何形成良好的班风

在学校教育中，一切教育和教学都是通过基本的活动单位——班级进行的。因此，班风的建设对于学生生活和学习，对于学生的身心健康发展，都起着重要的作用。

班风是一个班级特有的、占主导地位的行为习惯和群体风尚，它的特点是稳定而具有导向性。从心理学角度来说，人的一切活动，无论是心理活动还是行为活动，都是由一定的环境条件（即围绕人并作用于人的一切客观现实）所激发和制约的。当然，人的活动也同样作用于环境并改变环境。这种对人的心理产生影响的环境因素，逐渐在人们的头脑里转化为某种观念。这种以观念形式存在于人们心理上的环境，我们称之为"心理环境"。班风就是通过班级系统外部社会文化因素的渗透和班级成员个体心理特性的整合，在长期的班级工作中形成的、客观存在于班级系统内部的、一种潜在的影响班级成员思想言行的精神力量和心理氛围。

班风具有自发性和自主性的特点，是班级管理作用的结果，也是班主任从一定社会要求和班级成员的实际出发。并与自己的教育价值取向融合，对班级成员施加影响，引导班级向好的方向发展的结果。

良好的班风是班主任班级管理的一项重要成果，班主任可以从以下几个方面入手促使良好班风的形成。

一、全员参与，形成规范

优良班风的形成，先要制定明确的班级规范，教师要选择最佳时机，如新生入学、开学典礼、晨会、班会、期末评优等，造成一种强大的声势，形成正确的集体舆论。当然，班级规范的制定也需要全体学生的参与，这样才能激发学生的集体观念和主人翁意识。新的班风作为一种新的心理环境，就是要学生的积极参与，潜移默化地使个体将这种新的集体心理环境非强制地、自觉地移植到自己的心理系统中，成为全体成员的心理特征。

不同的班级有不同的情况，班主任也要相应采取不同的策略。例如，某班思想活跃但存在课堂纪律较差和清洁卫生工作常常不到位的状况，班主任可以通过民主选举班委，集体决策班级目标、班级规章，同时责任到人，由班委分工负责各项班级活动，以促使班风向好的方向发展。另外，在班级规章的执行中和对学生干部的考核选拔中，要求班级全体成员共同参与，以此加强学生的集体意识。

二、营造氛围，促进班风

优良班风的形成，还要注意营造良好的情感氛围，使每一位学生逐渐融入到班集体中，以班为家，以老师和同学为知心朋友，自觉维护班级规范。

爱是最好的老师，"欲取之，必先予之"，对学生施以师爱、友爱，学生必会对班级同报以主人翁的爱心和责任心。例如，针对班里某位学生家境特别困难的实际情况，班主任在新学期的第一次班队课上，开展了"我为某某同学献爱心"的主题班会，带头为她购买了一些学习用品。

在活动中，学生既帮助了那位同学，也使自己懂得了要有爱心、同情心，要相互帮助。

三、通过活动，增强凝聚力

优良班风的形成，还需要通过一系列课外活动来增强班级凝聚力。

各种集体竞赛活动对优良班风的形成具有不可估量的作用。其中，运动会、拔河比赛，可以培养顽强拼搏的班风；歌咏比赛可以培养活泼开朗、充满朝气的班风；学科竞赛可以培养刻苦学习、奋发向上的班风；科技竞赛、小发明创造可以培养追求科学、勇于创新的班风……当然这一切活动都得凭借学校这个大舞台来开展。

良好的班风一旦形成，会产生出一种强大的向心力和凝聚力，班级目标会成为集体中大多数人的自我要求。

如何培养学生的集体意识

现在班级中大多数学生是独生子女，独生子女大多有"以我为中心"的问题。他们不愿受约束，常常我行我素，缺乏集体观念。那么，班主任在班集体的建设中该如何培养学生的集体意识呢？

一、教育学生维护荣誉

学校是个大集体，班级是个小集体，爱集体要先从爱班集体做起。班主任可以组织学生开展"我为班集体争荣誉"等主题班会，让学生明白维护集体的荣誉和利益是集体中每个成员的责任和义务。当学生违反纪律时，就告诫学生，要改正缺点，不能因为一个人而影响了集体。在各项比赛中，当学生通过努力为集体争得荣誉时，不仅要肯定学生个人的成绩，还要肯定学生通过努力为集体带来的荣誉，让学生以为集体争光为荣。

二、教育学生互助互爱

当集体中的成员团结一致时，集体就会向上，这就要求集体中的每个成员都能互相帮助。别的同学有困难，就要主动去帮助他；别的同学有缺点，不是去嘲笑、讽刺他，而是想想他有什么优点值得我们学习，能不能帮助他改正缺点。同学之间有了矛盾，甚至动手打架时，班主任要教育学生找找自己的不对之处，学会宽容和理解别人。班主任要通过各种渠道让学生明白，团结就是力量，在班集体中同学之间要互助互爱，集体才会有凝聚力。

三、组织开展多种活动

一般来说，学生总喜欢与自己的同龄伙伴在一起，因此班主任可利用班会课或课余时间组织学生开展形式多样的集体活动，让学生在活动中感受到集体的温暖，激发学生更加热爱集体。

比如在新学期刚开始时开展"我为班级出点力"活动。有的同学为班级带来了挂钩、新扫把，还有许多垃圾袋，为班级的卫生出了力；有的同学拿来许多课外书，丰富了班级的图书角。在国庆节前一天，为了庆祝"祖国妈妈的生日"，同学们从家里带来了彩带、气球和种种小礼物，在教室里挂上了五颜六色的气球，摆放了各种鲜艳的花朵，窗户上贴上了各种各样的窗花，并且用稚嫩的粉笔字在黑板上端正地写着"庆祝祖国妈妈的生日"。在大家的努力下，教室布置成了一个温暖的大家庭，这时班主任要及时引导学生，使他们意识到，只有大家共同努力，共同出力，我们的班集体才能更温暖，同学们才能更快乐。

春天到了，学生早早地放起了风筝，班里可以举行风筝比赛，使同学们在竞赛中学会竞争与合作，并体会集体活动带来的快乐。

学生心中有了集体，能为集体着想，为集体出力，那么集体意识就在学生思想中形成了，但班主任还需要经常对其进行强化。

如何把班集体建成温暖的家

每个人都爱家，并为了建设一个温暖的家而不懈努力。如果学生也能把班集体当做自己的家，那么这个班集体一定会充满和谐、友爱和活力，一定有非凡的凝聚力和创造力，一定会是个优秀的集体。因此，把"班级大家庭"的建设作为班主任工作的重要内容是完全必要的。

一、注重亲情，让家充满爱

高尔基曾说过："谁最爱孩子，孩子就最爱谁，只有爱孩子的人才可以教育孩子。"假期结束了，同学们到校的第一天，老师在黑板上写了"欢迎回家"四个大字，学生一进教室马上就感觉到大家的心紧紧地贴在了一起，家的氛围就营造出来了。对于有实际困难的学生，全体师生伸出友爱之手，给予关心、照顾。例如：吴同学的父亲因车祸不幸身亡，家庭经济拮据。在老师的带领下，同学们主动献爱心，为他捐钱捐物；雷同学的脚被石头砸伤，动了手术，同学们分批到他家去看望他，为他补课，给他加油鼓劲。每个同学都在活动中感受到了家的温暖、家的温馨。

二、注重知识，让家充满智慧

班集体是学生的学习之家，是学生智慧的源泉。除了正常的教学活动，给学生更多的知识，满足学生对家的更高要求，是教师应当考虑的问题。教师可发动每个学生自愿捐书，集中起来建立小小的图书角，每个月抽时间交流阅读成果，推荐自己喜爱的书，只要讲得精彩，就可以成为本月的阅读之星。定期模仿《开心词典》，由主持人出题，学生自行结合组成亲友团，回答问题，实现"家庭梦想"。晨间、中午、课余，大家都可以专心致志地看书，教室会显得温暖、恬静。学生在日复一日的博览群书中陶冶了情操，积累了丰富的知识，而且又促进了文化课的学习。

三、注重责任，让家更有吸引力

良好的班集体氛围的形成是一个长期、细致的培育过程。为了形成良好的班集体氛围，首先要培养每个学生正直、宽容、有爱心、主动负责、相互协作、互相激励的团队精神。其次必须有共同的目标，培养学生强烈的归属感和集体荣誉感。班主任在班级里成立"红领巾服务队"，让全班同学积极行动起来，每项工作都由学生负责，责任明确、具体，要大家铭记集体的荣誉高于一切。对于不够主动的同学，老师有意识地设计一些任务，通过班委的非正式指派，让他们去完成。最后，再当做主动的行为去表扬。这样，既引导了这一部分同学的正确行为，又给其他同学起了示范和榜样的作用，使主动为集体出力的意识逐步深入人心，对集体凝聚力的形成起到促进作用。

教育是心与心的交流，情与情的共鸣。学生不是班主任管出来的，只有每位学生自觉把班集体当成"家"去细心呵护，并努力为之增光，班级管理才是成功的。

怎样对待班级中的小团体

班主任可能常常会在班内发现这种现象：每当课间、午间，总有固定的一些同学结成一伙去同定的场地游戏、交流。奇怪的是，不同的小圈子里的成员相互间很少交往，这时，班主任应该意识到，班内已经产生了"小团体"。那么，该如何正确对待、引导这些"小团体"呢？不妨做以下尝试。

一、支持、保护积极型的"小团体"

有些"小团体"的成员能遵守学校的各项规章制度，平时能支持班集体的工作，积极与班主任和班委配合，发挥一些班集体不能发挥的作用。对此，班主任应对他们表示支持，把他们列为全班学生学习的榜样，并要求其他同学积极向他们靠拢，使自己也成为班级中受人欢迎的一员。

二、关心、引导娱乐型的"小团体"

有些"小团体"最热衷于共同玩耍和娱乐，对于集体生活准则有些漠不关心。对此，班主任可以利用班队课，开展一次"该向哪个学习"主题班会，在交流、对比中使学生明白只有遵守纪律、关心他人的小团体才最受欢迎。这样，学生就会开始关注集体，为班级出谋划策。如在"六·一"文艺表演时，可让该团体成员编排并与其他同学合作表演节目，让他们在与其他同学的友好交流中愉快地融入到集体中来。

三、强化班集体，带动影响"小团体"

作为班主任要始终坚持把工作的重点放在强化班级上，针对学生的特点开展丰富多彩的活动，尽可能满足学生交往与活动的需求。不歧视学习成绩差或有缺点的学生，形成既讲原则、又讲团结、互助互爱的良好班风，以增强班集体的凝聚力。例如：虚心听取每一位学生的意见和建议，使每一位学生在班级中都有自己特定的位置。这样班集体的包容性增强了，"小团体"存在的必要性就会减弱，"小团体"的目标才会与班集体的目标接近或一致。

怎样培养班干部

良好的班集体必须要有健全的组织机构和一定数量的、有威信的、工作能力强的班干部。班干部是班主任的小助手，是班集体建设工作的积极参与者。有一批称职的班干部，班集体建设中的各项工作便可以更顺利地展开。那么，怎样培养班干部呢？具体有以下几种方法。

一、采取多种方法，发挥能力

在班干部的任用上要尽可能发挥每个人的特长，在岗位人员配备上要敢于打破常规。例如，有位班主任采取了将"委"扩大为"部"，一人多职，一职多人等方法。一人多职，使更多有能力的同学得到锻炼，还加强了班干部之间的竞争；"一人多职"指的是，能力较强且具有多种才能的同学可以身兼数职，这样会极大的提高班干部的积极性，便于工作顺利展开。

二、加强思想教育，完善自我

第一，必须经常组织学习，对于班干部，既要发挥他们的自主性，又要培养他们的自觉性。要组织学生学习日常行为规范。第二，抓思想。毕竟是一些孩子，不可避免地存在着这样那样的缺点，作为班主任必须定期不定期地召开班委会，把问题消灭在萌芽状态。例如，有位班干部，工作积极但方法简单，对待同学态度生硬，班主任及时找他谈心，帮他改正缺点，鼓励他做一个受大家欢迎的班干部。又如，在大扫除时，有意安排班干部去干吃苦的活，树立他们的威信，保持班干部的先进性。班干部带了头，其他同学一呼百应，班级工作开展就更顺利了。

三、实行奖励机制，激发热情

如何才能使班干部对工作积极、负责？这是班队干部培养的一个很重要的问题，需要采取有效措施常抓不懈。例如，实行奖励制度，规定能为同学服务，能积极配合老师工作，能各尽其职，能与差生交朋友等，其中某一方面做得好，都有一定的精神奖励，可以向家长写感谢信、表扬信，同时还可以奖励一些小礼品，如书签、笔记本等。

总之，班主任在培养班干部时要运用各种方法，要在实际学习、班干部工作中培养，并努力做到以点带面使整个班集体蓬勃发展。

如何使每个学生的能力都得到锻炼

担任班级里的干部对每个学生来说都是一个锻炼能力、培养积极进取精神的机会，许多学生也都渴望通过当干部得到锻炼。所以，班主任不妨从小处着眼，努力为学生设立各种不同的岗位，为学生创造实践的机会。

一、常规管理岗位

班级常规管理可设多种岗位，在管理中能够培养学生良好的行为习惯和个性品质。例如，纪律检查员，维持课间、活动纪律，调解同学纠纷等；电器保管员，负责电灯、电视、广播、饮水机等电器的开关、保洁等；眼保健操监督员，为同学们提供正确的眼操示范，指导、监督同学做操；礼仪监督员，督促同学佩戴红领巾、校徽，注意队礼规范等。

二、学习示范岗位

按各门学科要求设立岗位，如各学科课代表。语文课代表为同学做榜样，阅读、写作起到导向示范作用；音乐课代表悦耳动听的歌声感染着每一个同学；体育课代表良好的身体素质和运动技能，成为同学们锻炼身体和提高运动水平的榜样；读写示范员提醒同学们用正确的姿势读书、写字等。

三、活动岗位

如增设科技、欣赏、文学等兴趣团体，尽可能地让更多学生参与。除设立组长等岗位外，还可以在实践活动中寻找岗位，如小台长、小编导、小摄影师、小美工、小主持、小记者、板报主编等，最大限度地发挥每个学生的特长。例如，有个学生平时学习成绩一般，但表达能力还可以，在一次偶然的课本剧表演中表现出良好的编导才能，教师可以根据这个学生的特点，让他做"小编导"，增强他的自信心。

四、社区岗位

社区为学生提供了更广阔的锻炼空间和更多彩的岗位：小小超市员、绿化小天使、小交警、小小物业管理员……班主任可以利用双休日，以"就近"为原则，组织学生组成"雏鹰假日小队"，要求学生开展实践活动。这样的社区岗位，为提高学生的综合素质提供了更有利的条件。

班主任要引导每个学生找到适合自己的岗位，让每个学生都得到锻炼，尽可能发挥每个学生的特长，提高每个学生的能力。

如何让插班生早日融入班集体

所谓插班生，即新学期开始转入了一个新学校，进入了一个新班级的学生。他们有的是因为搬迁而转学，有的是因为想换一个学习环境，以更好地进行学习等。虽然转学原因是多种多样的，但不管出于何种原因，新生到了一个全新的环境，由于不熟悉周围的一切，一时没有一个谈得来的同学，常常显得沉默寡言。插班生如果得不到关注和帮助，可能会"自我封闭"。面对插班生，班主任可以试着这样做。

一、以十足的热情赢得插班生对新集体的信任

班主任应以恰到好处的欢迎形式来消除插班生的胆怯心理，以帮助他尽快适应新环境。可事先初步了解该插班生的性格特征，考虑如何帮助他信任新集体。插班生第一天报到时，当他一出现在教室门口，班主任就应放下手头的工作，迎上前去，热情地表示对他的欢迎，并亲切地向学生介绍："现在，我向大家介绍一位新朋友（如果可能则可以介绍其在以前所取得的各方面的成绩，以及其性格特征），他将成为我们班的一员。现在，让我们热烈欢迎×××同学加入我们的班集体。"同学们

的掌声顿时响起。这样，插班生看到的不是陌生的、冷冰冰的眼神，而是热情的、亲切的目光，使他感受到温暖。同时，班主任也应为其准备一个比较好的座位，让周围的学生都去关心他，和他成为朋友。插班生内心所存在的担忧、压抑的心情会尽快得到缓解，并愉快地步入新集体之中。

二、以加倍的关心帮助插班生早日走出孤独

根据马斯洛人需求的金字塔结构理论："自我实现的需要出现在一个人对爱和尊重的需要得到合理满足之后，它位于最高需要的位置。"心理学家威廉姆斯也认为："人性最深刻的原则，就是恳求别人对自己的关怀。"因此，要增强插班生的自信心，应先满足他对友谊、感情的需要，使其走出孤独。在插班生适应全新环境的时期，班主任要毫不吝啬地将关爱、热情、尊重倾注到插班生的身上，经常全方位地了解其内心世界，多与插班生聊天、谈心，关心其方方面面。插班生生活学习在一个全新的群体之中，对于关心的需要比其他学生更为迫切。班主任一个关切的眼神，一道鼓励的目光，一次和蔼的谈心，甚至拍拍他的肩膀，这些关爱的形式，都能缩短师生间的心理距离，建立起深厚的师生情谊，使他感到温暖，从而走出孤独。

三、以热切的期望增强插班生自我实现的信心

心理学上著名的皮格马利翁效应表明，当教师对学生寄予诚挚的期望时，这种积极的情绪会感染学生，并使他们对自己提出更高的要求，在行动上付出更多的努力，潜意识里靠近被期望的目标，从而产生超常的效果。班主任应加倍地关注插班生，多以期待的目光面对他们，给他们一种被重视的感觉。班主任应该多多发现插班生的闪光点，引导他们正确认识自己，在教育过程中捕捉各种机会传递自己对他们的热切期望，激励他们不断努力学习，不断完善自己。他们将随之出现喜悦、乐观、奋发向上的积极情绪，并做出力所能及的、对集体有益的

事情。

四、多创造机会促进插班生尽早融入集体生活

苏霍姆林斯基说：世界上没有才能的人是没有的。问题在于教育者要去发现每一位学生的禀赋、兴趣、爱好、才能等。在顺向发展的情况下，思维运动常常兴奋，这时思路畅通，认识能力、求知欲望、学习追求、精神风貌都处于最佳状态。教师可以根据插班生的兴趣特长，创造机会让他在集体活动中崭露头角，在同学们的肯定和表扬中，燃起其乐于参加集体活动的热情。有意识地为插班生创设参与集体活动的机会，不仅可以培养他们的能力，而且能增进他们和同学的关系，促进他们尽快的自然融入集体。

五、多传喜讯建立家校联系网

罗森塔尔效应告诉我们，对学生的积极评价能够产生正面效应。当插班生在学校犯了错误，班主任不要一动气就向家长告状，可先考虑一下事情的严重性，有没有必要告诉家长，自己能否解决。如果一定要家长配合，班主任也应该注意说话的方式，让插班生感到不是在批评他，而是像家长一样地在关心他，爱护他，期待他取得更大的进步。当班主任发现插班生的闪光点时，应及时给予表扬鼓励，并向家长报喜，让插班生产生一种积极情绪，形成教育合力。

如何让家长会开得更有成效

曾有这么一种说法：1+1<2。它深刻地指出了学校教育如果不能与家庭教育合二为一，将会影响到学生的成长。的确，对学生的教育，不仅仅是学校的任务，也是社会的任务，更是家庭的任务，只有三位一体，才能形成良好的教育氛围，使学生在健康的环境里快乐地生活、成长。而在学校教育与家庭教育的联系中，起纽带作用的就是班主任。班主任要协调好与家长的关系，使家长积极配合，对学生的各方面教育才能整合为一股强大的力量，有效促进学生全面成长。

家长会本是一次绝好的学校与家长相互交流、协调的机会。可是对家长来说，如果孩子学习成绩不好或是调皮捣蛋，开家长会时常常会感到尴尬；对孩子来说，每次开家长会时总是提心吊胆，战战兢兢。因此，有些平时表现较差的学生便会编造各种借口，谎称家长外出或生病等，不让家长来开家长会。

正因为家长会背负了太多父母、老师的殷切期望，以至于加重了学生的心理负担，增加了家长的心理压力。那么，怎样才能将家长会开得更人性化些、更有成效些呢？教师不妨这样做。

一、把家长会办成一个学生作品展示会

把学生一个学期以来的成绩展示出来，把家长会办成一个学生作品展示会。展示可分为三部分：第一展区展示学生的作业本、练习本、日记本等。平时家长只看到自己孩子的本子，家长会的展示使家长可以看到全班孩子的本子，可以明确自己的孩子还存在哪些问题，孩子的综合能力在班级处于什么位置。这对进一步加强家校联系，共同培养学生的良好行为习惯大有裨益。第二展区展示一个学期以来学生自己编的每一期手抄报、黑板报的照片以及手工课的作品。它可以体现出孩子多方面的能力，如写字能力、绘画能力、搜集整理资料的能力、审美能力、团

结协作能力等。看着凝聚着学生智慧和汗水的成果，家长自会喜上眉梢。

第三展区是学生的成绩记录展区。它记载了学生一个学期以来获得的点滴成功，以及老师的鼓励和家长的寄语。如果能在班级走廊、教室里挂满学生一个学期的学习成果，家长们定会看得津津有味。

二、把家长会办成一个学生成果介绍会

每一位家长大多经历过这样的家长会——它基本就是教师的"一言堂"，也不管家长是否喜欢听，更不理会所说的是否对今后的教育教学工作有用。其实，在召开家长会时，教师的做法可更新颖些，可尝试由学生自己来总结班级各项活动，这样做既培养、锻炼了学生，又让受到"重用"的学生的家长颇感自豪，如把班级工作分成几大块，分别由分管的班干部汇报情况。班级日常工作由班长汇报，班级文体活动由文娱体育委员汇报，班级的好人好事由纪律委员汇报，等等。因为最了解班级日常管理的就是这些学生，所以由他们来汇报班级各项活动，一定很受家长欢迎。

另外，一个学期下来，学生背诵了大量优美的古诗和散文，学到了丰富的知识，可将它们编成题目，在家长会上让家长随意抽取题目和学生学号，让学生表演。这样，三方互动，更利于理解和沟通。还可以让学生做小记者，针对班级的主要工作或存在的问题采访家长，让他们谈谈看法，以便今后的工作能更具针对性。

三、把家长会办成一个使家长正确认识孩子的评价会

以往一个学期结束的时候，学生得到的只是老师的片言只语，而老师对学生的这种评价往往存在一定的片面性。为此，可在原来的基础上，增设"写给自己的话（自己对自己的评价）""同学的话""老师的话"和"父母的话"四个部分。家长在家长会上可以看到前三项，然后当场写下自己对孩子所要说的话。这样的评价可以使学生全面认识自己、评价自己，同时从老师、家长、好朋友的评价中受到激励，树立自尊与

自信。

这样别开生面的家长会，可以增进家长与老师之间的交流，使家长对老师重新了解与认识，也对自己的孩子有更全面的了解，孩子的长处和不足尽收眼底，从而进行有针对性的教育。

四、把家长会办成一个科学育人的研讨会

家长会上，老师应设法鼓励家长积极发言，从中最大限度地了解学生的家庭情况和个性特点，以便有针对性地采取教育措施。另外，老师还应该就家长提出的意见，做出合理的说明，表明态度。对主要问题，老师要与家长一起探讨：怎样最大限度地扬长避短，把教育理想和现实结合起来；激发学生上进心的有效方法有哪些；怎样做到身教与言教的结合；如何创设良好的学校、家庭育人环境；等等。另外，还可向家长推荐一些有关培养教育孩子的好文章和好书籍，让家长在阅读中进行更深的思索，目的在于共同把学生健康成长的良好愿望落实到科学育人的行动上来，也可以让家长相互交流有关培养教育孩子的好书。

相信每位家长看了学生一个学期的成绩展示，听了学生的汇报，都会觉得不虚此行。当家长明白了老师的良苦用心，就会更加主动地配合老师对孩子进行教育。

怎样调动家长的积极性

主题活动的顺利开展需要合理有效地利用家庭教育资源，这资源像丰富的宝藏，在小学课程改革和发展中起着重要的作用。常有同事羡慕地问我："你班的家长怎么这么好？需要图片就帮着收集图片，需要文字就帮着收集文字，需要做新年树就提供做新年树的材料，我班发出的通知却一点反应也没有，这主题活动还怎么搞下去？"那么，我是如何在主题活动的开展过程中调动家长的积极性，有效地利用家长资源来优化主题活动，促进学生发展的呢？

一、赢得家长的理解和信任

家长是学校教育的支持者、合作者、监督者，只有赢得家长的理解和信任的教师才能调动家长参与的积极性，才能顺利地开展工作。而赢得家长的理解和信任的基础是"爱孩子"。如果我们能将几十名孩子都视如己出、一视同仁；如果我们能选择合适的机会公正客观地将孩子的优缺点告诉家长，同时根据学生的个体差异提供不同的教育方法，耐心细致地解答家长的困惑，那么我们的真诚和爱心一定会得到家长的理解和支持。

二、展示活动过程提高透明度

主题活动对家长来说是个全新的概念，只有让家长了解它的实质、过程、好处，才能调动他们的积极性。因此，从主题的产生到网络的形成、目标的确立、资料的收集等，教师都可以通过多种形式记录并展示给家长，使家长了解主题活动的内容和意义。透明度高了，互相配合的目标明确了，家长配合的愿望会更强烈。

三、根据家长的不同特点提供多种途径参与主题活动

家长的职业、特长、能力、条件等各不相同，教师可以根据家长的不同特点采取多种方法吸引家长，争取家长配合，主题活动要让每位家长都有机会、有能力表现自己。

（1）布置"有心学生和热心家长"园地。教师将家长协助学生收集的资料、记录的自编故事、制作的实物图片等张贴出来，供大家参考，同时肯定他们的配合行为，这样一来，既能进一步提高他们的积极性，又能"以点带面"形成良性循环。

（2）邀请"家长老师"走近孩子，接受孩子的提问，指导孩子的活动，展示各行各业的特长和风采，使孩子获得更直接的经验。例如：妇女节邀请妈妈当老师来校展示巾帼风采；参观邮局时请爸爸当老师介绍邮寄

过程；参观部队时请叔叔当老师演示操练和射击……这样更有效地利用了家长这一资源，丰富了主题活动。

（3）开展丰富多彩的亲子活动，增加参与机会，加深对主题的理解。例如，围绕秋天的主题开展"家庭树叶粘贴画"比赛活动，得到家长和孩子的热烈响应，通过活动不但加深了孩子对树叶的认识，而且增进了亲子感情；围绕新年主题开展亲子制作新年礼物活动，集体布置"新年心愿树"参加园内评比，体验节日的快乐。

（4）参与管理。教师在家长园地中开辟"畅所欲言"栏目，供家长大胆发表自己的想法和意见，提出家教中的困惑，介绍成功的经验。从刚开始的约稿到后来的主动投稿，使家长的主人翁意识日益增强。

四、鼓励强化家长热情和积极行为

每个人都需要赏识，需要体验成功，家长也不例外。因此，教师采取各种措施强化家长的积极性：每一种收集来的资料教师都细致张贴和保管，这是对他们劳动的尊重；在家长园地上表扬某方面做得好的家长，这是对他们的肯定；将家长的投稿刊登在"金钥匙"报上，这是对他们的鼓励；学期末评选"热心家长"，这是对他们的感激。

学校教育离不开家长的支持和帮助，家长的积极性要由教师来引导和调动，教师只有在相互理解、相互尊重、相互赏识、相互鼓励的基础上充分调动家长的积极性，合理利用家长资源，才能促进主题活动的不断发展，促进学生健康成长。

如何与家长建立良好的合作关系

当今社会各个领域都离不开合作，可以说合作无处不在。作为一名班主任，与家长建立合作关系是至关重要的。当过班主任的老师都知道，如果没有家长的配合，教育孩子将会非常吃力。有了家长的支持，各项工作的开展则容易得多。在具体工作中，可以把教师与家长的合作关系分为三级。

一、相识

这是与家长合作的第一级，班主任与家长的相识应始于开学前假期中的家访。第一次与家长见面，教师一定要注意自己的衣着、言谈和举止，因为第一印象非常重要。一个衣着适宜，言谈举止文雅得体的班主任会得到家长的认可。在家访时，班主任应主动向家长介绍个人情况和工作设想，并了解学生的家庭情况以及家长对孩子的态度，并据此确定今后教育引导该生的方针和方法。通过相识阶段，班主任和家长初步了解了对方，建立了联系，为今后的工作打下了基础。例如：在与家长的第一次见面中，教师就了解到哪些家长较溺爱孩子，哪些家长管教严格；哪些家庭比较困难需要照顾，哪些是单亲家庭更需要关爱。这些看似不起眼的相识，恰像一条小溪，悄悄地流入并滋润和温暖着彼此的心田。

二、接受

在相识的基础上，班主任与家长逐渐加深了解，互相接受。在此阶段，班主任一定要注意工作态度和方法，先理解家长，再让家长理解班主任。我在刚接这个班不久，一次，学校订报纸，为了防止学生瞒而不报或向家长漫天要价，我要求学生务必请家长签字。结果，家长误解了我的意思，以为是强行要学生订阅，当晚打来电话，口气强硬，说话充满"火药味"。听到家长的责问，我很想回敬几句，可又转念一想，一定是家长没明白老师的良苦用心，于是我调控好情绪，仔细向家长解释。该家长明白后，语气立刻缓和下来，并对自己刚才的莽撞表示歉意。于是，矛盾在相互理解中化解了。这件事使我认识到，只要你站在家长的角度，理解家长，就一定能得到家长的理解。从那次以后，不管有什么事情，那位家长从没说过一个"不"字。在一次家长会上，他说："邬老师，以后有什么事情您就替我的孩子做主吧！我们信得过您。"这就是以理解赢得理解，有了家长的理解，班主任开展工作就顺利多了。

三、合作

有了相互理解的基础，才能谈到合作，班主任与家长才能心往一处想，劲往一处使。家长和老师都希望孩子能成才，可是，孩子在成长中总是会遇到各种各样的问题，影响其健康成长。这时候只依靠家长或老师的单方面力量是远远不够的，更需要老师和家长通力合作。上学期，我班有不少学生迷上了电脑游戏，严重影响了学习和健康。得知这一情况后，我立刻通知家长，请求家长予以配合，彻底扫除电脑游戏风。为此，我与家长共同制订以下方案。①老师、家长严厉批评教育，使孩子意识到沉迷电脑游戏的危害。②家长切断孩子的经济来源。③家长与老师保持密切联系，严格掌握学生的活动时间。④了解学生与谁交往。这样一来，双方形成一股合力，使学生无机可乘。一段时间以后，同学们都不再玩电脑游戏了。试想，如果没有双方的合作，怎么能取得如此好的效果呢？

总之，我相信有了家长的支持与合作，班主任工作一定能搞得有声有色。

班主任如何与家长沟通

培养人是一项细致而复杂的任务，学校教育和家庭教育都起着不可替代的作用。学校教育和家庭教育是相辅相成、互相促进的。这就要求班主任在班级教育和管理活动中，通过与家长的沟通，建立良好的合作关系，以取得家长的支持和配合，充分发挥家庭教育的重要作用。那么，班主任该如何与家长沟通呢？

一、多与家长联系，讲究沟通策略

在与家长联系时，要充分利用各种沟通方式，如电话联系、手机短信、家校联系本、家访、家长会、家长开放日等。将学校的教育要求和学生的近期表现及时告知家长，同时让家长将孩子在家的表现及时向教师反馈。

家访作为一种传统的联系方式，有着不可替代的作用。班主任一定要有计划、有目的地进行家访，与家长沟通。班主任在与家长的接触交流中，对学生应以正面鼓励为主，多肯定、少指责。学生是发展中的人，难免会有这样那样的缺点和不足，这是非常正常的。教师应树立"关爱学生、理解学生"的观念，真正做到"为师不忘童年梦，常与学生心比心"。这样，班主任就容易做到从发展的角度看待学生的问题，不要一见到家长，就一味埋怨责备，这容易引起家长的反感，使沟通受阻。因此，在与家长沟通的时候，班主任要以正面肯定为主，善于捕捉学生身上的闪光点，即使对在校表现较差的学生，也要尽可能挖掘其优点，让家长对自己的孩子充满信心。

二、平等对待家长，掌握沟通艺术

班主任不仅要平等地对待学生，也要平等地对待家长，班主任不能按学生的"出身"而区别对待，也不能按家长的"权势"而区别对待。在平等对待家长的基础上，还要掌握与家长沟通的艺术。家长中，有的是知识分子，有的是工人农民；有的外向，有的内向。这样，就要求班主任善于与各类家长沟通，掌握与家长沟通的艺术。例如，在与家长交换意见的过程中，班主任要善于把握时机和方式，表扬学生要中肯，向家长提出建议时语气要委婉，如"你是否这样做更好些""我们不妨那样试试看"等。教师没有理由，也没有权利，更没有必要对家长吼叫和指责。在沟通时，班主任还要学会聆听。从你的认真聆听中，家长可以体会到你对他们的尊重，从而有利于进一步沟通。在聆听中，教师还可以了解家长的教育方式、期望水平、价值观等，从而帮助教师进一步了解学生问题之所在，使教师的教育有的放矢。

三、互相信任和尊重，力求和谐发展

许多班主任在与家长交流时，往往是一种单向传输信息而非双向互动，要改变这种状况，就必须真正实现班主任与家长的互动。首先，要尊重家长作为教育者的主体地位。教师应为家长了解孩子提供便利，允许家长进教室听课、查阅作业、观察学生在课堂上的表现等。其次，在双方合作互动的过程中，班主任与家长应相互尊重。班主任在与家长交往时，要尊重家长作为孩子生命中最亲近的人这一无可替代的事实，尊重家长在教养孩子上的成就，尊重家长在各自岗位上的成就，特别要尊重家长的人格尊严。班主任与家长交流时，要营造和谐的互动氛围，态度要谦和，举止要文明。

四、了解家长需求，指导家教方法

首先，家长最需要的是家庭教育的正确引导。很多家长为了给孩子创造最佳的教育环境不惜倾注大量的金钱和精力，望子成龙、望女成凤。但是家长在履行自己的教育职责时又存在不少误区，如不理解孩子，对孩子实行高压政策；对孩子无原则地迁就；对孩子野蛮专横、棍棒教育等等。由于教育方法不对，结果会事与愿违。

其次，要向家长宣传有关家庭教育的理论知识。班主任要结合学生实际把教育学、心理学的基本原理用通俗易懂的语言传授给家长，使家长能总体把握家庭教育的正确方向。

再次，要向家长传授正确的家庭教育方法。要让家长懂得科学的教育方法要符合孩子的身心特点，既不要拔苗助长，也不能放任自流。不仅要按照社会的道德要求去规范孩子的行为，还要根据孩子的兴趣发展他们的个性和特长。

最后，要帮家长提高对家庭教育作用的认识。一些家长错误地认为，孩子既然上学了，教育孩子就是学校的事，因此把责任完全推给学校，而有些家长又过分注重家庭教育，甚至对学校的教育内容和教育方法持怀疑态度，两者的弊端是显而易见的。对前者，班主任要提醒家长，学校教育不能代替家庭教育，家长要关心子女各方面的健康成长，要做孩子的表率。对后者，班主任要向他们讲清学校教育的特点和优势，并指出家长对学校教育持怀疑态度给予女造成的不良影响。班主任要使家长认识到，学校教育和家庭教育是紧密联系、不可分割的，要以学校教育为主，家庭教育为辅。只有把家庭教育和学校教育结合起来，才能促进孩子健康成长。

总之，只要班主任与家长心灵相通，做到家庭教育与学校教育要求一致，步调一致，就能实现家庭教育与学校教育相互支持，相互配合。

怎样与家长建立书面联系

书面联系是除家访以外班主任和学生家长保持联系的又一种方法。它不仅可以把学校或班级各方面的情况，学生在校的各种表现及时准确地通报给家长，还可以通过家长的反馈信息，及时了解学生在家里的各方面表现。那么，教师该怎样更好地与家长建立书面联系呢？

一、通信

这是指班主任通过信件的形式和学生家长交换意见，统一认识，协调好学校教育和家庭教育之间的关系。它适用于班主任无法及时家访，但又不得不与家长联系的情况。此外，班主任如果直接与学生家长见面可能会比较尴尬时，也可采用这种方法。

例如，开学后不久，小马与他人吵架。小李上前劝架时，小马以小李拉偏架为理由，又向小李动起手来。小李在应对中出手过猛，将小马的头撞在了墙角上，造成外伤流血，送医院缝了三针。班主任刘老师当天因为要准备教师节大会的发言稿，不能到两个学生家中去，就写了两封信让同学带给家长，向家长说明情况。刘老师在信中语气委婉，反映问题客观、公正，不偏颇，又对自己管教不严进行了自我批评，希望得到家长的谅解。家长在回信中表示完全理解老师的做法，并对自己的孩子让老师如此费心深感愧疚。就这样，此事得到了妥善解决。

再如，王小强同学是来自外地的一年级新生，父母忙于工作，无暇顾及他的个人卫生。开学才两个星期，与他同桌的同学就要求换座位，理由是他太脏了，身上很臭。在此之前，班主任马老师已不止一次提醒过小强要注意勤洗脸、勤换衣，但无济于事。显然，换位置不是解决问题的办法，但上门家访或打电话都可能使家长感到难堪。怎么办呢？马老师就写了一封短信让小强带去。信中委婉地提出希望家长能从百忙之中抽出时间教育孩子讲究卫生，衣着整洁，促进孩子健康成长。过了不久，马老师惊喜地发现，小强不再蓬头垢面，身上的怪味也没有了。

二、建立"家校联系卡"

"家校联系卡"是班主任为每个学生建立的学生在校档案和在家情况简介。班主任把学生在校各方面的表现，如行为习惯、学习成绩、特殊情况等记录下来，并对家长提出要求。学生家长通过阅读教师的记录就可以了解子女在校的情况，并根据要求如实填写学生在家时的各种表现，如学习习惯、生活习惯等，并督促学生按时完成老师布置的任务。同时，家长也可以对学校或班主任提出意见和要求，这样就形成了班主任与家长双方密切配合的局面，促进了学生的健康成长。

龚丽同学是一年级新生，开学两周以来一直没能改掉上课爱吃零食的坏习惯，导致上课注意力不集中，成绩一直上不去。班主任胡老师教育她多次，可她总是虚心接受，屡教不改。第二周周末，胡老师在"家校联系卡"中把这种情况如实写上，希望家长不要让孩子带零食到学校来。第三周开始，胡老师就不再为此事头痛了，龚丽的学习态度也有了明显的转变。

班主任孙老师通过"家校联系卡"了解到卢桔同学从小由外婆带大，最近才回到父母身边读书，与父母感情冷漠，不但常常出言顶撞，而且从不开口叫爸爸妈妈。家长希望孙老师能帮帮他们，教育卢桔要孝敬父母，听从管教。于是孙老师叫来卢桔，先表扬他是个热爱学习、乐于助人的好孩子。又委婉地指出他存在的缺点，并表示相信他一定能改正这个缺点。过了两个星期，卢桔的爸爸专程骑车到学校感谢孙老师，说卢桔对他们的态度有了很大的转变，能主动叫爸爸妈妈了。以后，卢桔父母总是十分支持、配合孙老师的工作。可见。书面联系是一种行之有效、简单易行的班主任教育手段。

家长不愿和班主任配合怎么办

学生的成长和发展是学校、家庭、社会相互作用的结果，其中最主要的是学校教育。学校教育是否有效，还要看能否得到家庭和社会的配合和支持，尤其是家庭教育对学生的影响很大。但有的家长由于对学校工作不理解，不愿和班主任配合，遇到这样的尴尬事，班主任可以采取以下几种做法。

一、变"请进来"为"走出去"

近年来，由于各种原因，教师家访逐渐减少了。有些教师无论对谁讲话都用教育人的口气，对家长也不例外。居高临下的训斥、埋怨，影响了教师和家长的关系。学生犯了错误，教师打个电话把家长叫到学校，气全撒到家长身上，家长又把气撒在学生身上，学生根本没有受到正面教育。家长十分反感这种做法，学校与家长之间、与学生之间的矛盾越来越尖锐。针对这一普遍现象，我校把家长"请进来"变为教师主动到学生家里去和家长联系。在家庭这一特定环境中，教师教育人的口气自然而然地发生了变化，语气趋于平缓，大家真正做到了平等，家长愿意把心里话、真心话说给教师，双方意见更容易统一。

二、变"被动家访"为"主动家访"

主动家访，防患于未然，使家长能主动配合学校做好工作，可以达到事半功倍的效果。

（1）每个学期放假前，学校就要求各位班主任对学生要有计划地进行家访。班主任要提前上交具有明确目的性的家访计划。家访的宗旨是多报喜，巧报忧，指导家长有的放矢地考虑和安排学生假期活动计划。

（2）新接班的班主任要从接到学生档案起，就认真了解学生的家庭情况，以便做到心中有数。另外，新班主任要抓紧时间普访，以便尽快掌握全班学生的情况。

（3）一旦发现学生不到校，教师在半天之内就要主动和家长取得联系，了解学生去向。我们班学生住得极为分散，有时班主任为家访一个学生要花费一天时间。但一旦发现学生没到学校来，班主任还是马上家访，千方百计地找到学生，使很多问题得到了及时解决。

（4）只要发现学生出现异常现象或有不良苗头，班主任就要及时家访，有时有关领导也陪同前往，把不良现象消灭在萌芽状态。

三、变"谈话式家访"为"请家长参与教育活动"

我们深深感到，单靠学校教育收效甚微（特别是思想教育），应加强与家长的交流，使学校教育和家庭教育形成合力，增强教育力度。

（1）请家长参加学校组织的主题校会、主题班会。在"五·四"校园之星表彰会上，请家长代表给获得荣誉称号的同学颁奖；开学初和学期末都请家长委员会成员到校共同商讨学校计划，使家长进一步加深对学校教育工作的理解，以取得家长的配合。

（2）组织家长参加学校教育教学开放日活动。请家长深入课堂听课，学校召开家长座谈会，请家长给学校提意见和建议，这一举措受到了家长的称赞。

（3）开展家教征文活动，以推动家长学习家教理论。

（4）定期进行培训，举办教育讲座，帮助家长了解孩子的心理、生理特点，掌握正确的教育方法，并把家长的家教论文刊登在素质教育系列丛书中。

总之，家长的配合和支持非常重要，班主任要想方设法赢得家长的理解和支持。

班主任家访应注意哪些问题

　　家访的目的在于教师与学生家长互通情况、交流信息、沟通情感，既让家长了解学生在校各方面的表现和学校对学生的要求，又使教师了解学生在家里的表现及学生的家庭情况。通过家访，教师可以和家长共同研究如何培养学生，并达成一致意见。班主任家访时要注意以下几个问题。

一、明确家访目的

　　班主任要明确每一次家访要达到什么目的，如果家访目的不明确，谈话无主题，就会引起家长的反感，引起家长对班主任的不信任和不尊敬。家访的目的是摸清学生的家庭情况，了解学生在家里的表现，让学生家长了解班主任的工作态度、方法及教学水平，共同探讨教育孩子的方式。

二、注意谈话分寸

　　班主任对学生进行家访时，谈话要做到宽严有度。严是指反映学生违纪情况或其他不良行为时不仅要严肃，还要谨慎；宽是指在反映学生问题的同时，要实事求是地表扬学生的优点和长处，并进行客观评价。宽严有度的目的在于既给家长压力，又让家长觉得孩子是可造之材。谈话要留有余地，不要把话说死。不要轻易说"你的孩子已无法教育""你的孩子将来考上名牌大学肯定不成问题"……因为学生正在成长，可塑性极强，对学生的评价一定要留有余地，要尽可能多地使用"只要……你的孩子就会……"等语句，促使家长满怀信心地配合教师的工作。

三、忌用告状方式

　　学生出现问题后，教师采用"告状式"的家访，很容易引起家长用粗暴的方式对待子女。这样做的后果是严重的，不仅会伤害学生的自尊心，还会引发师生关系对立和亲子关系紧张。大多数家长都不欢迎这种家访方式。它不但无法达到班主任与家长沟通的目的，而且无法真正地解决问题，还会产生不良的后果。

四、恪守师德师规

虽然教师的工资收入、福利待遇、社会地位在逐步提高，但也难免会遇到一些困难。班主任在与一些有身份、有地位的家长接触时，应恪守教师的职业道德，注重自身社会形象，切忌向家长提出私人要求。这样有损班主任在家长和学生心目中的形象，不利于正常师生关系的建立和学生的健康成长。

班主任家访的技巧有哪些

班主任少不了要对学生进行家访。成功的家访，可沟通老师与家长，保持学校和家庭对学生教育的一致性和协调性，解决一些在学校难以解决的问题。同时，又可增进师生感情，提高学生在家学习的自觉性。但是，班主任的交际武器——语言运用得恰不恰当直接影响到家访的成功与否。笔者根据自己多年班主任工作的体会，提出如下建议，以供参考。

一、要诚恳谦和，不要盛气凌人

从工作关系上讲，班主任和学生家长的地位是平等的，都是学生的教育者；目标是一致的，都想培养好学生。所以说话态度要谦和，语言要委婉，给人可亲可敬的感觉，这样家长才会向你敞开心扉。如果盛气凌人，对于家长必要的申诉也一概不睬，既有损班主任形象，又不能达到家访的目的。

二、要开诚布公，不要含糊其辞

对表现差，有不良行为的学生进行家访时，要坦然大方，开诚布公

194

地指出学生的缺点。说话时不要吞吞吐吐，含糊其辞，生怕得罪了家长，也不要表现出对管教学生束手无策，不得已才来求助家长。这样家长会觉得班主任性格懦弱，缺少经验，从而对班主任失去信心。

三、要有自知之明，不要过分炫耀

班主任要有自知之明，实事求是地评价自己，才能给人谦虚、诚实的形象，这样即使工作中有不足之处，家长也能够体谅。同时，要注意不过分炫耀自己，说一些"你的小孩连校长都不怕，就怕我这个班主任""他打什么坏主意，我一看就知道"等过头的话。家长就会想，既然你如此神通广大，又何必来找家长呢？

四、要褒奖同事，不要转嫁责任

班主任在家访的时肩负着加强家长和全体任课老师沟通的责任，要褒奖自己的同事和一些任课老师的工作精神和教学水平。对教学能力强、知名度高的老师要着重宣传他们的教学成果；对经验不足的新教师，可以着重介绍他们的工作热情和上进心，使家长充满信心。不要说某门功课不好就是任课老师的责任，发生某件不愉快的事又是某老师的错，等等，转嫁责任会使家长认为教师之间不团结，师资力量差，从而产生让孩子转学的想法。

五、要做好准备，不要随意发挥

家访前，班主任要对学生的性格、品行、爱好、学习方法、学习成绩非常了解，这样既能表现出你对他们孩子的特别关注和了解，又能掌握话语的主动权，和家长产生共鸣。若是心中无数，随意发挥，一会儿说学生某方面好，一会儿又说不够好，模棱两可，会使家长对教师的意图捉摸不透。如果前后几次家访自相矛盾，会使家长觉得班主任无主见。

六、要一分为二，不要以偏概全

"金无足赤，人无完人。"再好的学生也有不足之处；再差的学生也有闪光点。班主任对一个学生的评价要一分为二，不要以偏概全。把喜欢的学生说成一朵花，这样会使家长过分宠爱孩子，放松必要的管制；把某方面表现较差的学生说得浑身都是缺点，一无是处，这样会使家长对孩子丧失信心。因此，班主任一定要客观、全面地评价学生。

七、要言出必果，不要轻诺寡信

对家长的要求，班主任要考虑其是否合理。合理要求，教师答应后要做到，否则不能轻易答应。例如，有个家长要求孩子跟某一个成绩好的同学同座，但这个学生的家长却又不同意孩子和这个成绩差的同学同座，对于这种要求，班主任就不能答应。当然，对于能办到的事，班主任也不能不讲情理。例如，学生眼睛近视，家长要求座位换到前面一点，如果班主任说："那后面的座位留给谁坐？"家长就会认为班主任不近人情。

班主任重视与家长沟通的技巧，并不断改进，就能提高家访的效率，使许多需要和家长共同解决的问题迎刃而解，这样会给班级和学校工作带来许多便利。

怎样和家长心连心

有些家长认为，孩子上学了，对孩子的教育就全交给学校了。还有些家长望子成龙，把自己的思想强加给孩子。对此，教师要与家长共同寻求教育孩子的最佳方法。怎样来共同探求教育孩子的最佳方法呢？那就是要进行家访。怎样才能使家长、学生欢迎班主任家访呢？应做到以下几点。

一、采取多种家访形式

随着人们生活节奏的加快，教师挨家挨户上门访问已变得越来越难以实现。因此，要根据学生的具体情况选择适当的形式进行家访，如登门家访、电话家访、书信家访等，让家长感到与教师的沟通亲切、自然。

二、选择恰当的家访时间

教师家访的目的，是与学生家长进行沟通，让家长了解孩子在学校的学习、生活情况。同时，教师也通过与家长的交谈，更进一步了解学生在家里的学习、生活情况，教师能更有针对性地对学生进行教育。但是教师家访时要抓住时机，讲究谈话艺术，避免让学生或家长误认为教师的家访是向家长告状，否则就达不到效果。因此，教师的家访要选择合适的时间，如在学生生病、受伤或家中遇到困难时，教师的出现，关爱的眼神，亲切的问候，一定能起到言语起不到的作用，教育的目的也会在不知不觉中达到。

三、把握学生个性，因材施教

有一部分学生天资聪明，家庭条件比较优越，在家里受到家长溺爱，在学校又因成绩优异而受到老师的"宠爱"。这一切都会使他们养成骄傲、自负、任性的个性。在与同学相处时，表现为遇事不肯帮助别人，自私、不关心集体，不爱参加劳动，接受不了批评，经不住挫折的打击。这样的学生随着年龄的增长，在现实生活中遇到的挫折也会越来越多，因此帮助他们学会与人合作，学会理解别人，学会感激别人，增强抗挫折能力是当务之急。对这部分学生进行家访时，要充分肯定学生的优点，把教师的想法告诉家长，与家长达成共识，同时要指出他们的不足，并找出原因，制定相应的措施，从学生生活中的小事入手，逐步改变学生的思想和行为习惯，使他们能够健康地成长。

对一些学习上有困难的学生或所谓"调皮"的学生进行家访时，教师更要谨慎，避免让家长感到孩子又犯了什么错，从而对教师的到来产生抵触情绪。这些学生虽然由于种种原因造成学习有困难或不遵守学校纪律，但他们身上还是存在一些闪光点，对于他们的闪光点，哪怕只是一点点，教师也要及时加以肯定和鼓励，教师要把他们的点滴进步告诉家长，让家长充满信心，同时委婉地提出要求，以帮助孩子取得更大的进步。

学生的健康成长需要家长、老师相互配合，共同努力。只要我们热爱教育，善待每个学生，学生一定会喜欢我们，家长也会欢迎我们。这样，家长和老师之间就会配合得更好。

对护短的家长怎么办

遇到学生有缺点或犯了错误而家长护短的情况，班主任不可一气之下放任不管，更应避免与家长发生冲突。教育护短的家长可从以下几方面着手。

一、用事实教育家长

班主任要向家长指出学生的缺点错误，事先必须深入细致地了解情况，应准确无误掌握学生犯错误的事实，不可模棱两可，似是而非。在事实面前，护短的家长心服口服之后，班主任应讲清与家长沟通的目的在于教育学生，而不应得理不饶人，使家长难堪。如果在事实面前家长仍然狡辩，班主任应避免与其针锋相对，向家长郑重地提出，希望他以事实为依据。并指出护短的危害，另外再找机会进行沟通。例如，在一次推荐优秀少先队员的班队课后，有一位家长来质问班主任为什么他的孩子没有选上，并且列举了孩子许多优点，特别强调他的孩子学习成绩在班级中是数一数二的。班主任听了这位家长的抱怨后，非常冷静，他先肯定了这位学生的成绩，再委婉地指出这位学生在校表现的不足之处，如经常逃避劳动，在同学面前非常高傲，不能与同学友好相处。这次优秀少先队员的推荐是民主选举，由于他平时与同学不团结，票数自然就较少。学生的家长听到这些话后，有点不相信他的孩子会这样，还强调孩子在家是如何如何乖，不过语气已没有刚才那么强硬了。

二、通过教育学生来教育家长

班主任要先做好学生的思想工作，使学生明辨是非，意识到自己的不足之处，然后让学生在家长面前自我检讨，间接地教育家长。例如在上例中，待家长走后，班主任找来那位学生。他对学生说："你是个好学生，但为什么评选优秀少先队员落选了呢？自己能总结原因吗？"学生红着脸，慢慢说着自己的缺点。班主任等他说完缺点后及时表扬了他能正确认识自己的不足，并且希望他以后改正缺点，也希望他把自己落选优秀少先队员的真实原因说给父母听。事后，班主任再次碰到这位家长时，家长很惭愧地对老师说："要不是这件事，我还不知道孩子在校表现有这些不足之处，真是要感谢你们老师呀。"

三、引导学生家长互相教育

班主任可以有准备地让某几个家长在家长会上现身说法，阐明家长与学校互相配合的必要性。家长会上，让有经验的家长介绍自己的育儿绝招，选取报刊或杂志上成功家长的事例进行探讨，家长之间互相交流，共同探讨可以使护短的家长及时醒悟。

面对不讲理的家长怎么办

家长对老师正常教学的强力干预，常常让教师觉得很无奈。例如，有些家长无法接受自己的孩子理解力比别人差，除了极力为孩子辩护，更是无端地指责教师的教育方式有问题，指责学校未能提供良好的学习环境，又如有的家长听了孩子的话，不去调查研究，就找老师"评理"。面对这些不讲理的家长怎么办？可做以下尝试。

一、正面鼓励

与家长沟通最重要的目的在于帮助学生更健康全面地发展，只要能够真实地反映学生的情况，并提出适当的建议，即使遇到不讲理的家长，也能够做到问心无愧。的确，有许多爱子心切的家长，无法接受别人（即使是老师）指出自己孩子的缺点，甚至把客观的评语，都看成是对他孩子的"苛刻要求"。在这种情形下，老师除了以一颗平常心看待，不妨把评语的重点放在"小朋友可以如何改变"等方面，以肯定的语气加以鼓励。例如，提出如何帮助学生上课专心听讲等建设性意见，这样家长会容易接受些。

二、建立档案

班主任遇到突发事件，应立即记录下时间、地点、发生了什么事、有谁作证、当时是如何处理的。有了这样的书面记录，当家长来校询问时，就可以做到有据可查。

三、公正公开

遇到有意"整"老师的学生，老师无论做得怎么好，都可能因为他们的谎言而引来家长的不满。面对这样的情形，老师除了要有心理准备去面对，也要懂得保护自己，那就是坚持公平公开的原则。先建立一套赏罚分明的规则，对所有学生一视同仁，若有学生犯错，要在有旁人看到的情况下进行批评教育，这样一旦家长来责问，就能以当时是公正、公开处理的来说服家长。